总有一个人，陪你过余生

树獭先生/著

Wuhan University Press
武汉大学出版社

图书在版编目（CIP）数据

总有一个人，陪你过余生 / 树獭先生著 .—武汉：武汉大学出版社，2021.8

ISBN 978-7-307-22415-5

Ⅰ．总… Ⅱ．树… Ⅲ．散文集－中国－当代 Ⅳ．I267

中国版本图书馆 CIP 数据核字（2021）第 119185 号

责任编辑：姜程程　　责任校对：牟　丹　　版式设计：凯文传媒

出版发行：**武汉大学出版社**　（430072　武昌　珞珈山）

（电子邮箱：cbs22@whu.edu.cn 网址：www.wdp.com.cn）

印刷：三河市京兰印务有限公司

开本：880×1230　1/32　　印张：8.75　　字数：163 千字

版次：2021 年 8 月第 1 版　　2021 年 8 月第 1 次印刷

ISBN 978-7-307-22415-5　　定价：42.00 元

第一章　相识篇

第二章　相恋篇

第三章 相爱篇

第四章　相知篇

第一章

相识篇

逆着时光往回看，
我找到了几块重要的拼图，
它们和其他的琐事一起，
把两座孤岛拼接成了一片大陆，
让爱得以前行，
步入坦途。

1

如果相爱有痕迹，就像候鸟有归期

01

爱情真的像感冒，突如其来，让人没有一点防备。

有时候，恍惚间，我总有一种不真实的感觉：天南地北的两个人，怎么就在一起了呢？异地恋一年多后还奔现了，最后还结了婚？

回首昨天，我还在天天说自己是18岁的小仙女，可一晃神，竟然就嫁为人妻了。

这爱情就像上了一艘贼船，上去有票，想下无路。

如果说婚姻是爱情的坟墓，我怀疑我这墓用了钢筋混凝土，把这爱情锁得严严实实全全乎乎。

逆着时光往回看，我找到了几块重要的拼图，它们和其他的琐事一起，把两座孤岛拼接成了一片大陆，让爱得以前行，步入坦途。

02

认识了将近一年，我和顾同学才决定第一次见面。

虽说之前差不多认识了一年，也在视频聊天里互相见过，但我真没想到他是这样一个男孩子。

当时，我们一行人是在杭州会合，顾同学从云南过来，我从上海过去，还有几个朋友，大家商量着一起玩。

大家碰面的时候，已经是晚上了，就去附近找了个烧烤排档吃夜宵。

出门还没走几步路呢，他就自来熟地把我的手抓到他手心了。

我以前也没什么恋爱经验，当着其他朋友的面，这样被一个男孩子牵着手，既尴尬又难为情。

想把他的手甩开吧，他发现我要挣脱了，握得反而更紧了。

其他朋友看我们牵手了，一阵起哄，我就更不好意思甩开他了。

中间我悄悄瞪了他几眼，他也没看到，笑得傻乎乎的。

也是当时年少不懂事好面子，如果放在现在，我可能一个大嘴巴子就呼上去了。

也就是这一犹豫，我把自己的以后都搭进去了。

第二天，大家见面后的第一顿正餐安排在了西餐厅，我还以为就是普通的一顿饭，谁知道顾同学早跟其他朋友打过招呼，这是他的表白宴。

早就听说那家店的螃蟹特肥，我还摩拳擦掌想着去了一饱口福，大吃一顿。谁知道我才是这“鸿门宴”上最无辜的小白羊呢!

到了那儿，他就抱一大束玫瑰花等着我了，搁门口一站，呆头呆脑的。

离吃饭还有一会儿，另一个朋友正好带了相机，就给我们拍了些照片。当然，后来我才知道，哪里是什么“正好带了相机”，这一切分别就是这个心机 boy 安排好的。

不得不说，顾同学的“高智商”都应用在谈恋爱上面了。

后来吃饭的时候，到中途，其他朋友借口上厕所或接打电话，都离开了包间。我回过味来，感觉不对劲时，顾同学已经半跪在我面前，从兜里掏出个首饰盒，拿出一枚金戒指，往我手上戴了，嘴里还说着些傻不拉几的话。

我完全被搞蒙了：撇开昨晚那顿夜宵不算，今天这才是第一次正式见面，哪有人一见面就往人女孩子手上戴戒指当定情信物的啊？

餐厅的包间里就我们两个人，其他人都出去拍照了（被他支出去了），我看着那明晃晃的大金戒指，戴也不是，不戴也不是，本来好好的气氛，一下子就尴尬了。

后来在一起之后，这件事被我作为梗嘲笑了他很久，顾同学后来还委屈地说："我不是为了表明自己的认真态度嘛。"

我这人一着急就嘴笨，当时这种尴尬的情景下也不知道该说点啥，这浑蛋就把我的沉默当默认了。

等其他朋友回来，看他们的眼神交流，俨然一副"大事搞定"的样子。

虽说我俩在微信里聊得很不错，我对他也有一点好感，彼此也有那么一点意思，可这次见面，我原本是想考察考察他再做决定的啊！

毕竟我和他相隔那么远，异地恋的不确定性太多了，没做好准备，我哪敢贸然开启一段异地恋？

可这个不要脸的家伙，一见面就来抓我手，看他面不改色的样子好像还挺理直气壮的；一吃饭就跪地给我戴戒指，这谁顶得住啊?

被他这么一通安排下来，还给他在朋友面前坐实了我俩男女朋友的身份，搞得我想反悔、想拒绝都不好开口了。

不得不说真的是“心机深沉”。

03

在“表白事件”发生后的当天下午，我们坐上了去桐庐的班车。因为听说桐庐的古镇人没那么多，又别有韵味，大家都还挺期待的。

到了桐庐已经是晚上，安顿下来之后吃了顿饭就休息了。

第二天，逛了逛古镇，玩了一会儿，我们去桐庐县城吃饭。吃过饭后，其他朋友先回古镇的民宿了，就剩我俩在县城里瞎逛。

本来逛一会儿也是要打车回去的，可不知怎么想的，也许是那晚的月色太亮，或许是那晚的晚风太温柔，我突然就不想打车了，就想一路走回去。

他听了我这个疯狂的想法之后，吓了一跳。

他拿出手机，打开导航，查了下路线，一看，好家伙，这一路走回去得有 18 千米。

他郑重地问我，你确定要走回去吗，18 千米呢！

我没有犹豫，想都没想就说，确定啊，就走回去吧。

担心半路肚子饿，走不动，我们还跑进一家苍蝇馆子，又吃了一顿。

打开导航的提示音，我们出发了。

一路上，我们有说有笑，一直在聊天。

我说了说我上学时的那些糗事，他也讲了讲自己曾经的经历。

有很多话，我们之前分隔两地时在微信里从来没聊起过，可今晚在这肩并肩的路途里就这么自然而然地说出来了。

我说起我大一时因为在超市打工而没有回家过年。他说，你真是个坚强独立得让人心疼的姑娘。

他说他因为误入 P2P，亏了十几万，亏到一无所有，这才拼命写作，想博一条出路。我说，你也真的挺不容易的。

走出县城，走到城乡接合部的时候，我们已经走了 5 千米了。说实话，很少走这么远的路，腿有点发软。

正好路边有家小超市，其实按门面大小来说，叫它小卖部更恰当。我们进去买了几罐啤酒和一串葡萄。

就在路边的公交站等候椅上，坐着边吃葡萄，边喝啤酒，有一搭没一搭地聊天。

气氛融洽自然得像两个认识多年的老友，而非刚见面一两天的“网友”。

吃喝一阵后，把垃圾收拾进垃圾箱，我们继续上路了。

走着走着，我的手不知怎么又被他握在了手心，路灯把我俩的身影拉得好长好长。

大人带小人，小手牵大手。

间或有车辆呼啸而过，难闻的汽车尾气很快被夜风吹散。

在没有汽车经过的时候，我们的话语声在深夜的马路上传出好远好远。

在这漫长路途上，我们手牵手，经过公园，路过田地，穿过被路灯切割得支离破碎的黑暗，带着轻快的笑，一路前行。

这像极了未来的某种隐喻，只是那时的我还太年轻，读不懂命运的暗示。

我以为只是和他携手同行了一段路，却没想到终究会为这段缘分搭上自己的一生，搭得稀里糊涂又义无反顾。

04

在 2017 年的五一假期杭州行里，我们正式确认了男女朋友关系，结束了朦胧而美好的暧昧期。

之后，就开始了漫长而难挨的异地恋。

他经常在周五坐飞机从昆明到杭州来看我（2017 年 7 月我从上海辞职，新工作地点在杭州），然后赶周日的飞机回去工作。

我说，异地恋好讨厌。他说，你看咱们像不像牛郎织女，好在咱们不用等鹊桥，有飞机可以坐。

在 2017 年 10 月，我再次辞职做了自由职业者，而在学校工作的他即将迎来他的寒假。

我们早早地计划着出国旅游一趟，毕竟农村出身的我俩二十几岁了，还没出过国，甚至没怎么正经旅游过。

最后，我们把旅行目的地定在了泰国。

他提前在网上查了很多攻略，安排好了所有的行程。从来回机票到酒店住宿，从游玩项目到打卡网红饭店，一切的一切，都被他安排得妥妥当当。

我什么都不用管，什么都不用操心，只管放心玩就好。

为期一周的泰国旅行里，发生了很多一生难忘的趣事，也让我俩有了很多很珍贵的共同记忆。

更重要的是我在这次旅行里真正确立了自己的心意：就是这个人了，就是他了，值得托付，可以依赖。

一直以来，我像个女汉子一样，独自处理生活里遭遇的所有，好的坏的都要自己承受。

外人看我，可能会觉得我独立坚强，强势到了强悍的地步。

但如果有选择，谁不希望做个有人宠有人爱的小公主呢？

我以前一直希望自己能够叱咤风云，名噪四方，能赚很多很多的钱，而结婚嫁人在我看来是一个女生不再强势跌入凡尘的选择。

可在我被他牵着手迈出国门的时候；在我坐在他的摩托车后座，环着他的腰，靠着他的背穿行在泰国街头的时候；在我说想喝椰汁他就半夜起身出去买的时候，我突然就不想做牛哄哄闪闪发光的小仙女了。

我开始觉得，做个幸福的小女人是平凡了点，也普通了点，可是真的很开心啊！

后来，他不止一次问过我，我是什么时候觉得自己可以嫁给他的。我每次都骂他臭美，说当年完全是被你骗了。

他不会知道，我是在异国他乡的泰国才对他完全倾心，才下定决心做他背后那个可以不谙世事的傻白甜。

我的一颗心，小半生飘摇，无所归依。到了他这里，如鸟飞天，如鱼归海，终于落定。

我俩 2016 年相识，2017 年相恋，2019 年结婚，至今，不乏甜蜜，也有过争吵。

我有时想东想西，回首往事时，脑海里总会有一些相爱的片段闪现，我说不清是哪些片段给我们的爱添柴加火，让它一直烧到了今天。

也许，是所有和爱相关的小事，才共同构筑了爱的坚韧。

有人说，好的爱情，应该是有人问你粥可温，有人为你立黄昏。

我们做到了。

我们这艘爱的小船，在可预见的未来里，都还会继续泛舟在时间之海。

虽有风雨，任它浪涌，船行依旧，恩爱依旧。

2

爱情从来都是锦上添花，而并非雪中送炭

01

其实我和顾同学刚见面的时候，我整体的生活状态和工作状态都不算太好。

刚开始入行新媒体的时候，因为工作、生活以及人际关系的原因，我非常焦虑。再加上本身安全感就没有多强，所以，我整体的生活状态是有点差的。

五一假期去千岛湖游玩的时候，我看着前面的青山绿水，感受着迎面而来的微风细雨，风景非常优美，但是我的心里仍

然很焦虑。

我几乎每隔两分钟就要看一下手机，如果微信里没有红点点，我就在心里长舒一口气：没有人找我，没有事情找我，真好。

如果看到微信左下方显示①或者是②，我就心里一阵紧张：这是谁，找我做什么？为什么要找我？

有一次一打开微信，看到左下方显示十几条消息的时候，我的内心几乎是崩溃的。短短几秒，我都可以自己脑补出一部戏：十几条微信，谁找我？又发生什么事情了，是哪里出现什么问题了吗？

是不是我的工作哪里出了问题？或者是老板又要给我分派新的任务了？是有什么新的客户吗？

在过马路等红绿灯的时候，我在回微信的消息；回酒店第一件事就是打开电脑处理一些临时的事情；一群朋友在一起吃饭的时候，我在一旁用手机跟同事沟通着一些细节问题。

没有一丝丝夸张，那个时候的整体状态非常不好，整个人都处于非常焦虑和压抑的状态。我感觉生活呈现出一种分崩离析的零散状态，就像一个破碎的水壶，到处都在漏水，可是破洞太多，怎么堵也堵不上，顾此失彼。

我有时候甚至想着，要不就算了吧。什么都不管不顾了，就把一切都放下吧，逃离这一切，然后重新开始。

可是，我明白：没用的。这是你现在的人生模式，也是一个必经的阶段，你在这里出了问题，即使换一所城市，换一个生活环境，这些问题还是会出现。

有一些问题，就是生活给你的一课，你必须把这一课上完，领悟到生活想让你明白的知识或者道理，才能顺利毕业。否则，这种糟糕的状态就会一直循环下去。

有些时候，只有面对，不能逃避。

02

我就是在这种状态下，见了顾同学的第一面。

我想了一下，那个时候，我和顾同学已经认识将近一年了吧。但这却是我们的第一次在现实生活中的见面。我也算一个跟很多笔友吃过饭、见过面的人了，甚至还跟一些最初的笔友，后来成了关系非常好的朋友。

但是第一次见顾同学时，内心还是有点小紧张。

当听到一起同行的朋友说：他已到酒店了，他们已经会合了。当时我的内心一阵紧张，我听到门外的敲门声时，更是紧张到无所适从。即使隔着一道门，我还是有点不知所措。直到听到外面熟悉的说话声时，心情才略有点放松。

然后几个人一起打了一个简单的招呼，接下来我们商量着去附近的地方一起去吃烧烤。

几个人在路边的小摊，吃着烤串，喝着啤酒，谈天说地，仿佛我们已经认识了很久。

那个时候的我，不相信爱情，也不相信一辈子之类的话。因为那个时候的我，是一个对未来抱有轻微悲观态度的人。因为不相信，所以很多东西也不会有。

对爱情不相信，对未来不放心，极度焦虑，重度无安全感，是我持续了很长时间的状态。

即使在网上写着暖心的文章激励别人，可我自己的内心却是一片荒芜，不知道路在何方。

03

顾同学曾经和我说：你到底知不知道，有一个人，他愿意陪你面对未知的人生。其实那个时候我知道，但只是觉得不靠谱、不现实而已。

有时候甚至会觉得自己可能要单身一辈子。我觉得像我这样一个整天沉迷于写稿和工作，没有个人生活，没有交际，而且脾气不算太好的人，可能真的是要单身一辈子的。

那个时候的我，一个人在上海，就是这样的生活状态，同时抱着这样的观念。当然，最主要的是，我把更多的精力和时间放在了写稿和工作上，所以业余生活和对外交际几乎是没有的。

我大学刚毕业的时候，就跟我的父母约定：如果我 30 岁之前还没有对象，请不要催我。我可能 30 岁以后才结婚，但是请不要为我担心，我自有我的打算和规划。

因为我还有工作和事业，因为我不知道自己将来在哪里定居，因为我不知道自己的未来在哪里，因为在我心里永远有着更重要的事情和东西，所以潜意识里已经做好了一切准备：就这样吧，一直单下去也挺好的。

有饭吃，有酒喝，有事做，为什么要谈恋爱呢？

其实我自己心里知道：你只是还没有遇到那个可以理解和包容你的人。与其跟一个彼此不合拍的人在一起浪费时间，为何不自己一个人潇洒快乐呢？

在我的认知里，爱情并不只是两个人在一起吃饭睡觉那么简单，尤其是在现在大家对精神追求这么高的要求之下。

真正的爱情，是两个人生观、价值观契合的人在一起，既可以彼此理解对方，又可以一起嬉戏玩耍。

彼此包容，共同前行。

认识我的很多朋友说我是一个很好养的女孩子。因为我对物质的需求并不高，不逛街不买衣服也不去某宝，不矫情不做作还懂事，更重要的是：赚钱能力也不差，我做着自己喜欢的事情，并且乐此不疲。

对于此，我常笑着和他们打趣：语文老师说了，看人不能看表面，要从多方面分析。虽然我对物质条件要求不高，对交往对象的薪资、外貌、学历什么的也没啥要求，但我真正要的是两个人能够三观契合、彼此真正互相理解包容、能一起成长并肩作战。

这些常常被人们忽略的软条件才是我心目中的硬条件。

跟一个人在一起，并不是跟他的车子房子在一起，而是你们在一起之后，有没有相同的话题和语言，是否能理解对方的烦恼，是否可以互相激励一起前进。

因为我始终觉得：只要努力，车子房子财富都会有的，但是跟那个合拍的人在一起，才是爱情真正的意义。

04

和顾同学见面之前，我们就已经规划好了行程。几个朋友会合之后，后面的几天一起去附近的景点玩一下。

和顾同学一去出去玩的几天，我一直处于比较焦虑和繁忙工作的状态中，有时候还无端发脾气。

反而是他，一直理解我，支持我做的事情，从不苛责我不安心玩耍，也不怪我看电影时还要工作。

他不仅要将出行的酒店以及来回路线等行程安排好，还要照顾我的小情绪。从没什么怨言，该安排酒店安排酒店，该改行程改行程，一直很有耐心。

甚至我们晚上十点在桐庐看完电影后，在我突发奇想，想着两个人大半夜从桐庐县城走 18 千米走到住的酒店时，也陪我胡闹。

我们两个人在车来车往的大马路上，走过一个个公交站牌，数着天空中稀少的星星。

其实现在回过头来看当时的举动，是有一点幼稚和危险的，但是在那个时候，可能因为压力比较大，所以总想去做一些不一样的事情。

虽然我有时候不说，但是内心还是很感激很多人的。不只是顾同学，还有身边的很多朋友。他们一直包容我、开导我、鼓励我一点一点走出当时不太良好的生活状态。

一段好的爱情，可以使人对生活充满期待和信心，并且愿意为之付出和努力。虽然前途仍然坎坷和未知，但是却多了一个并肩作战的人、一份依靠和一个共同的方向。

虽然未知，但是有光。

05

爱情从来都是锦上添花，而并非雪中送炭，这是我很早就明白的道理。

十七岁的时候，我想着，会有一个人拯救你走出泥潭，或者是遇到了一个喜欢的人，目前的生活就可以改变。现在只觉得当时的想法很天真：能拯救你的，从来都只有自己。

两个人在一起的时候，好好相爱，珍惜彼此。但是当彼此分开时，都要懂得去过好属于自己一个人的生活，一个人照顾好自己，一个人奋斗打拼，一个人去为自己的未来计划打算。即使有着共同的未来，也不要将自己的未来寄托在另一个人的身上。

在一起时做连体人，分开时各自独立。

因为不论是不是异地，每一个人都需要拥有独立生活的能力。两个人在一起，不是扶贫帮穷，而是强强联合。只有当你自己足够独立，足够安心时，再跟另一个人在一起，才能真正享受爱情的美好。

虽然我不知道未来会怎样，也不知道会将生活过成什么样，但是有时候想着——不论怎么样，有一个人跟你一起并肩作战，就不会觉得那么孤单了。

而在未知的生活中，能有一份安心，是一件多么不容易的事情！拥有爱，珍惜爱，并且为之奋斗。

3 爱情既是柴米油盐，也是风花雪月

01

顾同学是一个很浪漫的人，我们恋爱期间，他做过很多浪漫的事情。

有一次他放假去丽江玩，那个时候我还在上海上班，他就把他走过的路和住过的店挨个发照片给我，然后说：等我们后面一起放假的时候，可以再来玩一次。这里环境好清幽，都想在这里住个把月。

这都没什么，他在丽江游玩的第二天晚上发生的一件小事让我明白了顾同学是一个很浪漫的人。

那天晚上，我正和他聊天的时候，他忽然和我说：糟了，我刚刚在一家店买了东西，店家让我待会儿过去拿，但是我现在却找不到那家店了。

他一副十分着急的样子，我问道："买的什么东西呀，还需要回去拿？你找不到回去的路了吗？"

他说道："丽江古城里的店都大同小异，每一家都长得差不多，我真的是分不清楚哪一家是哪一家。"

我就很奇怪地问："你买的什么呀？很重要吗？"

他支支吾吾道："东西很重要。"但是却始终没和我说是什么。

后来不知道他怎么找回去的，总之花了一两个小时，在店铺都快要关门的时候，问了好多人才找到了那家店，也找到了自己买的东西。

在那次聊天之后，大约过了几天，我收到一个快递。我心里想：我最近没买东西呀，怎么有快递。打开看，发现是一件T恤，T恤上面印制的是我的一张照片，是当时我和一个朋友吃饭，然后比剪刀手地咧嘴笑。

顾同学一直说："我当时就是看到这张照片才对你动了心，看着这张照片就感觉生活一下子明媚了起来。"

看到这件T恤之后，我心里隐约有了一点想法但还不是很确定。于是我发微信和他核实。才知道这件T恤是他那天在丽江定制的，那天找了一两个小时就是找这件T恤。

虽然搁在现在这种定制的个性T恤非常常见，但是对于当时的我，还是非常感动的。愿意为你花心思，在哪里都惦记着你的一颗真心是非常重要的。

一颗真心，比很多花里胡哨的表面功夫都有用。

02

我们家以前有一面照片墙，墙上挂着很多我和顾同学有着共同回忆的照片。

有单独各自的照片，也有在一起的合照，一起去游乐园坐旋转木马，一起在黄山顶被风吹得头发直飞，还有他抱着我而我捧着他送的一大束玫瑰花的照片。

顾同学是一个比较爱浪漫的人，他觉得什么浪漫就一定要去做，或者是你想要做什么，他就会一直陪着你。

这几年我和顾同学一起去过几次游乐园，有令人非常惊艳的迪士尼的穿越地平线，也有让人吓得哇哇大叫的跳楼机，还有直接坐漂浮板从坡道直接滑到游泳池的水上乐园。

但让我记忆最深刻的，还是有一次去游乐园的时候。游乐园开场都是大同小异，鬼屋旋转木马什么的，都很正常地进行：开心且平常。

中间有一个项目，我不知道叫什么，就是类似于旋转木马的升级版，和旋转木马一样旋转，不过是围绕着一个比较高的圆柱，从下往上旋转着，从底处飞到最高处，然后再从最高处旋转着飞下来。

在下面飞还很正常，到中间的时候，顾同学可能有一点晕车或者恐高，有点不舒服，他牢牢抓住我的手，闭上眼睛，可能这样能让他好受一点。

我之前也和顾同学一起去过游乐园，也知道他对于这种高空项目有点不太适应，但是也没什么大碍，觉得克服一下就好了，就没怎么放在心上。

旋转木马到达最上方之后，你可以看到远处的水上乐园，再远处的山，以及近处的湖泊还有各种美景，虽然谈不上美不胜收，但确实挺好看。

我想着让顾同学也看一下，但是很可惜，他不太舒服，依然闭着眼，于是我想着就算了。

等到旋转木马往下落还有一半高度的时候，顾同学还闭着眼睛，我想这会儿已经不高了，应该没什么事了，就对顾同学说：你要不试试睁开眼睛看一下，现在已经不高了，而且周围景色很美，你试一下，看看周围就不那么难受了。

本来还没什么事，听了我的话的顾同学慢慢睁开眼睛，但是一看周围旋转着的景色以及他觉得并不低的高度，一下子就憋不住了，于是“哇”的一声吐了出来。

周边的人一下子就看了过来，幸亏旋转木马之间距离比较远，没“误伤”到其他人。

等到落地之后，我就赶紧找工作人员，不断道歉并且问有没有好的处理方式。工作人员笑着看着我们，然后用水清洗干净被我们弄脏的地方，当时我明显地感觉到：几个工作人员看着我们笑，可能对他们而言这已经是见怪不怪的事情了。

后来，我和顾同学再去游乐场的时候，面对大摆锤等顾同学坚决拒绝的项目，我就再也不敢和他玩了，于是我在上面玩，他就负责在下面拍照。

03

异地恋的情侣之间最浪漫的事情是什么呢？再也没有比明明相隔千里万里但是忽然之间就出现在你门口令人感动的了。

我很荣幸，顾同学给予过我这样的感动。

刚恋爱的时候，我在上海工作，顾同学在云南当老师，我们平常都是视频聊天，很少线下见面。

有一次，顾同学需要来上海为他的新书做一次小小的签售会，本来说好是周六过来的，等来了之后我们计划先忙完签售会然后再一起出去玩一下。

周四的时候，我和我的邻居兼同事小强，下班后去了临近的地铁口那边吃了烧烤。小强说：顾同学不是快过来了吗，正好去超市买点日用品什么的，到时候用起来也方便。

我想也是，于是吃完饭就去逛超市。

那天我感觉很奇怪，我和小强在吃烧烤的时候，顾同学就问我们在哪里吃烧烤，多久回家呀。小强还专门给他拍了一张我吃烧烤的照片，以为他是担心天黑了不安全，就说很快就回去了。

在我和小强逛超市的时候，顾同学又打电话问我在哪里，什么时候回去？我当时就在想：这人今天怎么回事，怎么一会儿一个电话，也没有什么重要的事情。

等我和小强回到公寓时，就发现一个人朝我们走过来，我才发现是顾同学，当时整个人都惊呆了。

顾同学走过来抱了抱震惊中的我，又和小强打了个招呼。

我才知道，顾同学三个小时之前就已经到了公寓门口，知道我们快下班了，想给我一个惊喜，就没提前说。但是谁想着我一下班就去吃了烧烤还逛了超市，他为了给我惊喜也不好意思提前告诉我。

于是就一个人可怜巴巴地在那里等了三个小时。这个惊喜真的是太费时间了。

我告诉顾同学：这个惊喜令我非常感动，但是以后千万不要再玩这种惊喜了，你提前和我说，我就可以早点下班，说不定还可以过去接你，不至于让你一个人在这里等。

爱情里最让人感动的就是这种惊喜：总想着给对方做点什么，或者给对方一点什么样的惊喜。

爱是互相付出，而不是互相索取。

互相付出，让双方能感受到彼此的好，愿意去为对方做一些事情，留一些美好的回忆或者惊喜，也是恋爱中最美好的一部分。

我愿意为你带来惊喜的时候，你愿意为我改掉一点小毛病，我们一起对生活多一点期待和勇气，一起变得更加勇敢更加美好。

每个人是一个独立的个体，我们都有自己内心的柔软，也有自己坚硬的外壳。在彼此靠近的时候，唯恐自己的刺会扎到对方，所以小心翼翼，再小心翼翼。

经历了一些磨合，不再惧怕伤到别人也伤到自己。确定了共同的前进方向，于是并肩起航，一起前行。

4

最幸福的事情，莫过于和你一起静度时光

01

刚恋爱的时候，我们还是异地恋。

有一天晚上我做了一个梦，梦见我在床上沉沉地睡觉，顾同学就坐在我旁边写稿子，我醒来之后睡眼惺忪地看着他，他看了我一眼，温柔地对我说：我爱你。

我说：我也爱你。

醒来之后看到空荡荡的床，有点怅然若失，将做的梦发消息告诉了顾同学，顾同学笑着说：这就是我想要的生活状态

呀。我们生活在一起，各自忙各自的事情。清晨起来，阳光透过窗户洒在床上，你睡你的懒觉，我写我的稿。

这世界上最幸福的事情，莫过于和你一起静度时光。而我们在一起，互相成长却又互不干扰。

顾同学说：我昨晚十一点之后跟你说完晚安，就去看了我们以前的聊天记录。因为换了手机，所以聊天记录是从半年前才开始有的。现在在一起了，再去看以前的聊天信息，才发现以前是多么的惴惴不安、小心翼翼。翻了三个小时的聊天记录，才发现其实我们的爱在很久之前就开始萌发了。

看着顾同学的消息，我想：是有多喜欢一个人，才会在深夜把两个人的聊天信息翻三个小时。年少时，我曾经也在深夜翻另一个人的微博、他的所有，完全明白这种感受。所以，我一定要好好珍惜这份爱。

因为爱你，所以更懂你。

02

每天早上醒来都会收到顾同学读的诗，从追我的时候他就开始每天晚上说完晚安之后给我读诗，这样我早上一醒来就可以听到他读的诗了。有时候是简单的两三行字，有时候是一长段，要很久。

那天读的是舒婷的《致橡树》：

我如果爱你——绝不像攀援的凌霄花，借你的高枝炫耀自己；

我如果爱你——绝不学痴情的鸟儿，为绿荫重复单调的歌曲；

也不止像泉源，常年送来清凉的慰藉；

也不止像险峰，增加你的高度，衬托你的威仪；

甚至日光，

甚至春雨。

不，这些都还不够！

我必须是你近旁的一株木棉，作为树的形象和你站在一起，

根，紧握在地下，

叶，相触在云里。

…………

语音完了之后，往往是两三句的碎碎念：獭宝宝，今天呆萌给你读的是舒婷的《致橡树》。我爱你，晚安。

每天早上睡眼惺忪的时候，就会迷糊着摸过床头的手机，然后点开对话框，点开红点点的语音，让它自动播放，安安静静听完他的语音，我也该起床了。

不得不承认，男人有时候真能文艺到骨子里，对爱情的表达方式也是唯美到可怕。每次听到他的语音，内心都一阵柔软，一阵感动但是却又不知道说什么。

后来想想，这也算是爱情的仪式感吧。我们相爱，同时有了这些仪式感，爱情就会显得更加珍贵了。而且每一段感情有热恋期，就有倦怠期。最初的美好和坚定，最后都要被柴米油盐的琐碎给磨掉。几年之后，当两个人相看生厌的时候，想着最初的想法和自己曾经所做过的一切，可能会多一些感动吧。

因为我爱你，所以愿意让你一直感动。

03

顾同学是一个超级爱秀恩爱的人，是我见过的男作者里，不对，是我见过的男生里最喜欢秀恩爱的一个，可能我见过的男生还不算多吧。

还没正式确立关系之前，那个时候还处于暧昧期，恋人未满的状态，其实就差一个表白的过程时，他就在自己的公众号发文章，表面看标题让人误以为是正儿八经的文章，一点开里面就只有硕大的六个字：我有女朋友了。不仅如此，还把我的留言给置顶了，这下所有人都知道我们在一起了。

下面的留言是：又撒狗粮了，又来虐狗，祝福之类的。然后我就收到了很多作者朋友的私信：什么时候在一起的，什么时候发喜糖，在一起了都不告诉我们。看得我哭笑不得，只能一一回复：目前还没有正式确立关系。

那个时候还没有见过面，因为我们是网恋加异地恋（听起来很时髦的东西吧，实则很虐心），我一直想着等正式见面的时候相处一下，再确认关系，所以这个样子公开地隔空表白，让我不知所措。

见面的前一天，他在公众号更新了一篇长文章《对不起，遇见你太晚了》，讲述自己的恋爱心得和感受，以及遇见我的一些变化，看得我心都要化了。我的几个好朋友纷纷转发给我，说看哭了。关键是这篇文章后来还上了《青年文摘》公众号的头条，再一次感受到了情感作家的可怕之处。

04

后来确立了关系，他更加肆无忌惮和猖狂，经常在自己的朋友圈发我的自拍还有他的情话来隔空表白，有时候在微博发完之后还要过来艾特我。

顾同学曾对我说：我想要全世界都知道，树獭先生是我的女朋友。

可能爱情本身就有占有欲吧。喜欢一个人，就是让所有人都知道我们在一起了。潜意识就是：喜欢我的，都死心吧，喜欢她的，也别惦记了。我觉得其实最重要的是公开，向大家公开我们在一起了，希望得到祝福。而真正的爱情，其实就是要大大方方勇勇敢敢。

不过，大家对于顾同学的日常虐狗已经视若无睹了，甚至有时候都会在群里说：顾一宸最近没有发微博虐狗，我想主动吃一波狗粮。最近没有被虐狗，还真有点不习惯。

后来，我慢慢开始习惯，偶尔去朋友圈或者微博发一发两个人的日常，没有任何炫耀的意思，只是想跟我的朋友们说：我们在一起了。现在的我，很幸福。仅此而已。

我一直处于极度的不安全感和焦虑之中，我的一些朋友也都知道。我认识的一位心理咨询师在看完我的朋友圈之后，给我评论：别害怕，爱会治愈好一切。当时就被感动到了，原来恋爱还有这种功能。

跟顾同学在一起之后，我也变了很多，从最初的一个人仗剑走天涯，到后来的想为两个人的共同未来而努力，从最初的一个人也可以过一生，到后来的希望两个人简单相爱。

这世间最美好的事情，莫过于和喜欢的人一起静度时光。

5

你所在之处，即是我思念的天涯海角

01

在公司上班的时候，忽然接到一个陌生电话：您好，您的快递。快递太大了，下面的柜子放不下，您看怎么办呢？

“啊？”我有点吃惊，因为最近没有买什么大件东西，于是补充道，“那个，您能告诉我是什么东西吗？”

快递小哥耐心地说道：“是一个德芙巧克力，大倒是不大，就是有点长。”

一听到巧克力三个字我就笑了，笑着跟快递小哥说：“我知道啦，您帮我放到物业那里吧，就在E邮局的右边，麻烦您了。”

然后在电脑上敲出一行字：顾老师，您老人家给我买巧克力了？

“啊？你收到了？你不是在上班吗？”顾同学表示很吃惊。

“快递小哥说东西E邮局放不下，给我打电话了，谢谢您的巧克力，我很喜欢。”我向顾同学说道。

“不客气，我爱你呀。”一行字出现在对话框里，心头一阵暖流。

02

明天是5月20号，是另一类情人节。人们常常将520和“我爱你”联系在一起，所以5月20日也就成了另一个和表白有关的情人节。

很多男生会在这一天计划着向女生表白，很多有了对象的女生会在这一天期待着收到礼物，单身的朋友则会抱怨道：又是虐狗的一天，狗粮不要吃得太饱。

这是第一次在5月20日收到礼物，还是喜欢的巧克力。以前上高中的时候，特别喜欢吃巧克力，经常在下课的时候去教学楼楼下的商店里买巧克力，上课困的时候就可以解解困，那个时候的巧克力还是两块钱就可以买得到的。

跟顾同学在一起之后，经常会收到各种各样的礼物。先是香薰机，再是书，再是按摩颈椎的按摩棒，再是代表“我爱你”的巧克力。

顾同学经常会贴心地送各种小礼物，反而是我，比较懒，不喜欢买东西，也很少给他买礼物。刚开始的时候还会跟顾同学说：你不要总是送我礼物，我会不好意思的。因为即便是情侣，经常收对方的礼物，我也是有愧疚感的。

顾同学则耐心地解释道：你不用有愧疚感，我一直觉得：施比受更幸福。因为我没有办法陪在你身边，所以只能用送礼物来弥补这种缺陷，给你送礼物，我也是很开心的。

每次听到顾同学解释这些事情时，总会有一种莫名的心安。

03

刚恋爱不久，还有朋友私信我：“很佩服你可以异地恋，真勇敢。”

我笑了笑，没说什么。其实在很久之前，我是坚决抵制异地恋的。甚至是当朋友打算给我介绍男朋友，问我的择偶标准时，我的第一条就是：不要异地恋。

我不喜欢异地恋，因为两个人相处的不方便导致没办法互相陪伴，而且城市的距离有时候也会导致矛盾的加剧，更重要的是：异地恋太辛苦，我比较自私。所以，我是从心底深处排斥异地恋的。

只是当爱情真的来临的时候，当你觉得面前这个人不错的时候，其实你之前设置的很多硬性条件后面都会为你们之间的感情让步。

我是不喜欢异地恋，但是比起异地恋，我更喜欢面前这个人。因为喜欢他，因为想和他走得更久，好好相处，所以愿意等他，愿意接受异地恋。

异地恋虽然比较辛苦，但是两个人为了有一个共同的未来而奋斗，一起去克服很多困难，创造在一起的条件，也是一件很幸福的事情。

很多人在找伴侣的时候，首先考虑车子、房子或者是其他资产，但是我一直觉得，对于两个都很努力以及用心生活的人，这些附加的东西迟早是会有的。但是你面前的这个人，性格、脾气、兴趣等方面是否和你真的合适，你们之间是否能相处得来才是需要考虑的最重要的因素。

只有两个人比较合拍，又有着共同的目标，一起努力，这些附加条件都会有的，这样的生活才是幸福的。反之，你有了车子房子，双方却并不合拍，其实生活也不快乐。

04

一个同事家养了一只柯基，叫突突，萌萌的小小的很可爱，两个月大，经常追着同事的鞋子的脚后跟咬，还会去咬同事的鞋带，舔同事的小腿。

我把突突的小视频发给了顾同学，顾同学说："好可爱。我们以后也养一只好不好，以后吃完饭就可以去遛狗了。"

我说："好呀，一只 4000 块，你养。"

顾同学立马就发来了微信："4000？怎么比我还贵。我的身价都不如一只狗，4000 块将我卖给你，你要吗？"

我说："4000 块就可以买你了。怎么卖？所有权和使用权都给我是吧。"

顾同学打趣道："独家授权，求带走，求摸头。"

我说："好，成交，这生意只赚不赔。"

顾同学接着说："你就不怕买回去欺负你吗？"

我心里一笑，说道："买回来不是很听话，让做什么就做什么吗？不是要赚钱养家、做家务打扫房间照顾老人还有工作的吗？”

顾同学发了一个很惊悚的表情，说道：“不行，这样太亏了，你要拿红本本来买。谢谢！”

我装傻：“红本本，你是说护照还是毕业证？”心里想，反正都是红色的，任你怎么说。

顾同学就发了五个字：我要你娶我。

我在电脑这边对着这五个字愣了半天。顾同学经常会发一些让人特别暖心的举动或者是语音。

跟一个人在一起，最想要有的就是一个共同的未来，而情侣之间最幸福的事情莫过于另一个人的未来规划里有你。

我是一个很没有安全感的人，不论对于友情还是爱情都是抱着悲观的态度，但是跟顾同学在一起，总有一种很安心的感觉。因为我知道，他的未来规划里是有我的，而我也愿意为两个人的未来去努力做一点什么。

所以即使现在是异地，即使短时期没办法在一起互相陪伴，但是心里都是乐意的。因为未来还很长，我们可以慢慢来。

6

漂洋过海来看你

01

周五的晚上，和朋友在外面悠闲地吃着烧烤，逛着超市，然后买了一大堆有用的没用的，吹着晚风，慢悠悠去坐地铁。

这时手机里传来顾同学的微信语音：獭獭，你还在逛超市吗？早点回家，注意安全。

我还没来得及回，又收到新的一条：獭獭，你坐上地铁了没，太晚了还有地铁吗？

我心里想：这孩子今天怎么回事呀，晚上都不用写稿子吗？从下午七点就问我吃晚饭了没，晚上又问我逛完超市没，现在连我坐地铁都要问，今天不写稿子吗？

我直接发了段语音过去：你今天什么情况？我已经在地铁上了，等下就回家。你好好去写稿，不然晚上不许睡觉。

顾同学发了一个委屈的表情，说道："知道了，你记得早点回去。"

下了地铁，和朋友走在前往公寓的路上，跟朋友说起顾同学来。朋友说："顾同学后天要来看你吗？"

我说："这不是端午吗？有三天假期，他从云南过来看我，只不过有点累，前后两天都要坐飞机。"

然后我继续说道："就来三天，前后两天都要坐飞机，还要跟我计划去黄山玩，你说他心里怎么想的。我都想好了，第一天来的时候已经是下午了，带他吃吃晚饭看看外滩，第二天两个人在家里宅一天写一天稿子。第三天，送他回云南。"

朋友听了我的计划之后，大笑起来："你这个样子，确定不会被打死吗？人家大老远从云南过来，你就带他写稿子？"

我反问道："不然呢，还想干吗？"

02

刚坐上回公寓的电梯，顾同学的电话就打了过来，问道："獭獭，你到家了没？"

我回道："已经上楼啦，马上到家门口。朋友点了小龙虾，要放完东西下去吃小龙虾。"

然后，同时从电话里和走廊的拐角处传来了不能再熟悉的声音："可是我也点了外卖呀。"然后看到他从拐角处走了出来，笑嘻嘻地看着我。

那一瞬间，我有点发愣。就站在原地，傻傻地看着他走过来，抱着我。然后才反应过来："你什么时候来的呀，等了多久，不是说后天到吗？"

"我换了两天课，想你，所以就早点过来陪你了。"他抱着我轻声说道。

我不知道说什么，那一瞬间，震惊和开心一起涌上心头，想着他还没吃饭，于是带他去楼下，和朋友三个人一起又吃了点东西。

这是我生平第一次经历这样的惊喜，有人为了早点来见你，换了两天的课，上课累得半死，然后还得悄悄坐着飞机过来，只为了给你一个惊喜。

而我，还在电话里埋怨道："怎么不去写稿子，今晚什么情况？放假三天还想去黄山，让你待家里写稿子。"

03

第二天上班的时候，因为我辞职的缘故，那是最后一天上班，所以原则上只要去收拾一下东西就好了。

顾同学跟我一起去办公室，我在电脑前处理完一些还没处理完的工作，他则在旁边看书。最后走的时候，我跟老板、同事简单说了一下，就准备走。

顾同学则稍微停留了一下，说道："老师，那我和獭獭先走了。獭獭之前有跟我说，在这边学习到了很多东西，也特别开心能跟你们相处。她在这边工作生活都是很开心的，谢谢你们一直对她的照顾。"

说完，才拉着我的手离开。他说这些话的时候，我的老板和同事们，也在认真倾听，互相道别。

那一瞬间，我又一次被感动到了。

我是一个对于人情世故和礼仪问候方面不太擅长的人。很多时候，心里其实是有话说，或者是感谢的，但总是不擅长去表达，或者是礼仪方面做得不周到，让别人不快。

而顾同学，却能贴心地替我着想，说出我心里想说的话，我在人际关系方面所欠缺的，也总是尽力帮我弥补。

很贴心，又很温暖。

04

他换了两天课，再加上端午的三天，所以我们一共有 5 天可以相处。除去来回的飞机时间，一共有三天。我们商量了一下，最后计划还是去黄山。

黄山是我一直想去的地方，五岳归来不看山，黄山归来不看岳。对于喜欢游山玩水的我，黄山自然不容错过。只是之前因为时间安排不过来，一直没能去成。

办理好交接手续之后，就跟顾同学订了去黄山的团。这是我们第二次见面，也是第二次一起出去玩。顾同学说：出去玩，你只要人乖乖跟着我走就可以了，其他都不用操心。

对于一个懒得查酒店、懒得买车票的人来说，顾同学真的是细微体贴到极致。有时候想想，他对你这么好，自己要好好努力、变得更优秀，才能对得起这份好，也要用心去回馈对方，两个人的感情才能更稳定。

我去过很多地方，顾同学也去过很多地方。有时候想一想，以后旅行的路上，自己不再是一个人，会有另一个人一起跟你分享美景和心情，真是另一种美好的感受。

跟顾同学认识一年多了，但是见面也才不到一个月，确立关系也才不到一个月。对于一场异地恋加网恋的感情，其实双方有时候心里都挺患得患失的。

因为一些小矛盾或者是小问题，放在生活里其实不是什么大事，但是一旦跨越了 2500 千米，就被扩大很多倍。

所幸的是，不论有什么问题，只要在一起，心里都是满的，都是欢喜的。而我们也相信，未来是一点点走出来的。虽然很多东西，现在还没有，但是只要是对的人，我们都可以一起创造。

7

在刚刚好的时间，遇到刚刚好的你

最好的爱情是什么？

可能是在十六岁我们在校园里相遇，从校服到婚纱，从相识到相知；

可能是我们青梅竹马两小无猜，小区里都是见证我们爱情的花花草草；

可能是职场里我们志同道合并肩而立，前程漫漫但是我们携手共进。

也有一种是：在刚刚好的时间，遇到刚刚好的你。

彼时，我已褪去青涩，知世故而不世故；此时，你已成熟懂事，有着自己人生明确的方向和计划。

而我们，在这个时候相遇。

我不会因为畏惧这个社会而依靠于你，你不会因为需要一份认同而照顾我。

我们都是一个独立的个体，我们知道自己是什么样的人，也知道自己需要什么。

我们三观一致，性格契合，对于事业和未来，也有着相同或者不同的看法。

这个时候我们相识，是刚刚好的开始。

01

我和顾同学刚开始认识的时候，彼此都因为生活的不易而苦苦挣扎，虽然辛苦，但是依然倔强地往前走。

顾同学说："我当时最欣赏的就是你这种不服输，愿意一直朝前走的精神，也是这种精神一直鼓励着我往前走。"

那个时候，顾同学正处于人生的最低谷。

2016年的时候，顾同学已经在一所高中教书好几年了，在一个县城的高中，每个月领着几千块钱的工资，以及一些学校的福利，日子虽然过得普通，但也算安逸。

本以为日子就可以这样过下去：找一个合适的人，有着稳定的工作，结婚生子，然后教育小孩长大。日子虽然简单但是也会很幸福，也是很多普普通通的家庭所过的生活。

但是，老天爷可能觉得他的生活太安逸，并不愿意就此放过他。

他在朋友的介绍下，在一个平台做了投资。前期投资比较顺利，于是后来顾同学把自己的所有积蓄都放进去投资。

他每天睁眼就数当天的收益是多少，最高的时候，一天的收益是 6000 块钱。

一天 6000 块钱是一个什么样的概念？当时顾同学一个月的工资才 3000 块钱，一天 6000 块钱就是 2 个月的工资。这还只是利息，并不是本金。

其实顾同学当时也知道，这个平台会有风险，因为收益太高了，收益越高，风险越大。但是面对每天 6000 块钱的诱惑，每天一睁眼就是 2 个月的工资，很多人都抵挡不住这种诱惑。

顾同学告诉自己：我就再放一天，再放一天我就把钱全部取出来。

当然，后面的每一天，顾同学都是这么告诉自己的。

在巨大的诱惑之下，顾同学还从蚂蚁花呗、蚂蚁借呗、信用卡等地方借款或者套现了一些钱投进去，因为里面的收益实在是太大了，甚至于顾同学的钱只要在里面多放一段时间，就可以身家翻好几倍。

但是危险总会在你最害怕的时候到来，终于，在不可置信却又可以预料中，这个平台崩盘了，顾同学的钱取不出来了。

一夜间就回到了起点。

有懊悔，也有自责，也有事后诸葛的反思：为什么当时就不能只放一部分钱进去，为什么我没有克制住我自己，早点把钱取出来？我明明都意识到了这些风险，但是还是没有抵挡住人性，当了一次赌徒。

结果一败涂地。

后面我和顾同学在工作的过程中，也遇到了很多次大大小小的危机，顾同学每次都教育我：这些都不算事，你要是遇到我当年的事情，那你可能更崩溃。

02

但是，这还不是最惨的时候。

人们常说：福无双至，祸不单行。这句话一点都不假。

也是在 2016 年，顾同学的爸妈在医院的体检报告出来了，都感染上了丙肝。很庆幸，不是什么难治的病，没到绝境。但是也很不幸，治疗费用不低，更何况顾同学当时已经倾家荡产。

那时候，丙肝的特效药，如果买美国原厂进口的，一盒就要三四万。一盒药只能吃一个月，三四万块很快就会被花光，而且他们是 2 个老人，一个月光这个药费就要七八万块。

顾同学十分绝望，当时感觉生活没有一点盼头。后面几经辗转，终于在其他朋友的介绍下，找到了其他同等效果的特效药，虽然没有进口的有名，但是基本效果还是差不多。

可是，即便是后面找到的特效药，那时也要 3000 块钱一盒，而一个疗程就要三盒，更何况顾同学的爸妈两个人都需要这种药。

也就是说，顾同学每个月光买药钱就要 6000 块。

这个在平常可能不算什么大事，但是在那个时候顾同学刚在投资平台亏得一无所有，处境真的是雪上加霜。

那个时候，顾同学都不知道怎么办了。只能想办法找人借钱，而且还得背着爸妈，不敢让爸妈知道。

生活真的是一片黑暗，看不到光明。

你以为生活会因为你惨就放过你吗？并不会。

这个时候，顾同学之前谈了好几年的女朋友和他提出了分手，因为她和她的初恋死灰复燃了。

很难过吗？

顾同学当时的心情已经不是用“难过”可以形容了，而是：我爸妈还指着我呢，我不能倒下，我要想办法撑下去。

父母重病、自己投资亏掉了全部身家、女朋友也离自己而去，一眼望去，全部是需要自己的人或者事情，但是周围却没有一点力量可以帮助到自己，顾同学曾经好几次站在天台上想着：就这样结束了算了。

人生很苦，但是总要走下去。

顾同学在学校请了一段时间的假，白天专门在医院照顾爸妈，以及联系特效药，晚上就开始自学黑客技术以及写文章。

太不甘心了。

顾同学想着：我在网上被骗的钱，我总要知道自己是怎么被骗的，最好是能用黑客技术从平台那里把钱搞回来。于是，他开始自学黑客技术，并且记录自己学习和生活的过程，这也是顾同学后来进入自媒体行业的入门起点。

生活就是这样，你没有其他的办法，只能往前走。

03

那个时候，我在做什么呢？

毕业一年多的我，在绍兴一家公司做财务，其实在外人眼里看来挺好的：朝九晚五，管住宿，有餐补，节假日什么福利都挺不错，晚上下班还能和同事一起打打麻将看看电视，唯一的缺点就是工资低了点，那个时候到手只有 2700 块钱。

怎么说呢？公司是非常好的，整体待遇在绍兴不算差。

如果是现在的我，我肯定喜欢这份工作，因为白天做好工作有工资和福利，晚上要么干点兼职或者出去玩，如果自己还有点小积蓄的话，这日子简直不要太舒服。

因为真的是太适合养老了。

但是我那个时候刚毕业一年，其实对未来还是有很大期待的：我想去杭州、西安或者上海等稍微大一点的地方发展，我还没见过大城市深夜的霓虹灯，还没见识过别人口中的职场女精英是什么样子，也没做过非常专业的项目。

我不想每天待在一个小镇里，每天所做的工作就是面对一个格子间。我不想下班后就只能逛镇中心小小的超市，天天都是兰州拉面和馄饨，看电影都只能是周末坐一个小时的公交车去市里。

那个时候的我，其实就是想多见见世面。我还有很多梦想没有实现，我还有很多事业规划都没进行，我有点不甘心。

那个时候，我已经在自学注册会计师了，因为毕业一年是没有办法考中级会计师职称的，只能考注册会计师。我当时对自己的规划是：平均一年考两门，第三年或者第四年考完。

如果每年考过 2—3 门的话，就能去更好的公司，就会有比较不错的薪资待遇。

因为那个时候，我的到手工资只有 2700 块钱，虽然以我的省钱程度，我可以每个月省下来 1500 块钱，但和其他的同学比起来也挺惨的。

我还是不甘心，不甘心当下的现状，想学更多的东西，过更好的生活。

04

那个时候，下午五点就下班了。（现在想来这个上下班时间真的是让人太羡慕了，真的是适合现在的我去养老，哈哈哈。）

下班后有时候自己吃饭，有时候会和几个同事一起吃饭，吃完饭聊聊天散散步就七点了。偶尔会看看电视打打麻将，但是更多的时候，各回各家，对了，我们是单人宿舍。

所以我大部分时间要么是在看注会的书，要么在看其他的书。

有一天，我在网上看到，有一个博主那里招募书评人，可以免费看书写书评，他们会免费给你寄书，你看了书之后在规定的时间写完书评即可。

因为我那个时候还是经常看书的，但是一本书二十几块钱，一个月下来对我来说其实也挺贵的。

而我从高中开始就在一些乱七八糟的杂志上发表文章，文笔我自认为还不算特别差，我觉得还是可以去尝试一下的。

我就像发现了新大陆一样，十分激动但是又有点小忐忑，我利用自己手边的书，先写了两篇书评交给对方编辑审核，对方很快审核通过，我选了当期活动的一本书，并且留了快递地址。

于是，这就打开了我的自媒体道路的新大门。

前期我主要是领书看书给出版社写书评，当然也结识了一些自媒体作者，大家会交流更多的自媒体知识。我也知道了，除了写书评之外，我还可以写更多的文章，不一定全部都要围绕书评来。

于是，我开始把自己上班过程中发生的事情和我的观点写出来和大家分享，也收获了一小批读者，结识了一些自媒体编辑。

那个时候，自媒体变现还没有现在这么多方式，大部分还是发文章被大家阅读，收获更多读者，收入很少。虽然收入很少，但是让人非常有成就感。

我本身是一个比较爱写东西的人，这正好拾起了以前想做但是做不了的梦想。我高考的志愿当时就想填中文系之类的，但是奈何分数不够。

所以这个也算是非常有缘分了。

05

就在这个时候，我认识了顾同学。

因为我们当时都在同一个平台写作，而且那一段时间大家曝光度都还不小，可能会经常刷到彼此的名字。我现在的几个关系比较好的朋友也是在这个时候认识的。

后来大家进了一个作者群，据说当时的顾同学的心理是这样的：哎，这个人也进群了，这个人最近文章很猛呀，首页好几篇都是她的。

最开始的时候，大家都还不熟悉，有一搭没一搭地聊，我和顾同学处于认识但是并不怎么熟悉的状态。

后来顾同学一边解决自己生活和工作的事情，我在群里听说他父母的身体好一点了，听说他的财务危机也好了一丢丢，听说他升职当了小组长。

一切都在朝更好的方向发展。

而我那个时候，正面临要不要转行的心理波动。

杭州 G20 的时候，大部分单位放假，正好，我们也放假。我当时就利用 G20 放假的一周时间去上海面试了好几家公司。

为什么平常不去呢，一个是太远，一个是太怂不敢请假。

当时去上海的时候，上海一个认识的人都没有，那个同一个作者群的另一个作者，也是我现在的好朋友独舞，是她来火车站接我的，并且带我简单去上海玩了玩，安排我住到了她家附近的一个小酒店。

不得不说，当时的我们胆子都很大：我敢揣着1000块钱去一个人都不认识的上海面试还让网友来接我，独舞也敢去接一个从没见过面的人还安排她住宿和游玩。

当时面试了好几家公司，最后在两家公司之间做选择：

一家是一个花店之类的公司，每个月月薪5500块钱，不管吃住，做的是财务，偶尔可能会有一点行政的工作；

一家是刚做了两年的新媒体公司，是一个我当时关注的拥有几百万粉丝的公众号，如果要做的话是新媒体编辑，我会单独运营一个公众号，以及管理一些读书社群。

其实我是比较喜欢后面的新媒体工作的，因为一方面是本身比较喜欢，另一方面当时对写作和公众号还挺有热情的，但是我没有经验，也怕自己做不好。

我还记得自己当时认真地跟我的老板说："我再和您确认一下，我在这一方面是完全没有工作经验的，您能接受吗？"

当时老板的原话是什么，我已经不记得了。大致是这个意思："我知道，但是你前面写的一些文章以及一些作品，都代表着你是一个愿意学习，愿意成长的人，而我们需要的就是这类人。”

当时我就在这两家公司之间徘徊犹豫，其实我最担心的是这是两个完全不同的行业，做了选择之后，就很难再回去了。比如你做了新媒体，过几年再回去做财务，基本是不现实的。同样，错过了这个新媒体的转行机会，再想转行做新媒体，也很难。

后面，经过了很多的思考，我还是选择了做新媒体。

回过头再看当初的选择，我现在觉得可能就是因为他们家多给了 500 块钱。哈哈哈。

于是，我就正式踏上了新媒体的道路。

后来和顾同学熟了之后，才听顾同学说：“我当时就觉得这个女孩子太厉害了，什么准备和后路都不留，直接从财务转行做新媒体，真的是太有勇气了。”

那个时候的新媒体起步没几年，不像现在短视频直播公众号大家都非常熟悉，当时转行真的是一个非常勇敢的选择，当然也是非常幸运的决定。

06

后来，他在云南做他的老师，升职加薪。他的新媒体也做得越来越好，认识了很多编辑，也收获了自己的一批读者。

后来，我在上海做我的新媒体编辑，朝九晚五经常加班，上班时间运营公众号和社群，下班偶尔写写文章，周末去旁边的商场里看看电影吃吃火锅。

我们都已经经历了人生最难熬或者最波折的阶段，虽然依旧为生活奔波，但是已经不再那么狼狈和难熬。

我们对这个世界都有了自己的认知和见识，我们也都形成了自己的不算成熟的观点以及一点点的独立的处世方法，我们都成了更加成熟更加独立的自己。

我们不再孤单，也不再彷徨。

这个时候，我们才发现：原来，我的身边还有这样一个你。

于是，我们相知，相恋，相爱。

我们终将会成为更美好的自己，朝着更远的方向走去。

第二章

相恋篇

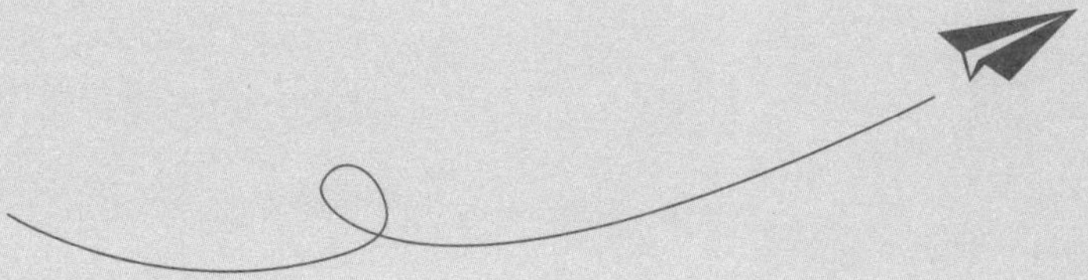

那个时候，
我才觉得：这才是生活。
生活需要的，
就是这种接地气的烟火味，
有人在家里等你下班吃饭，
有人陪你一起加班工作，
有人和你一起畅聊理想和未来。

1 平淡却不平凡的约会之旅

每天都和顾同学腻歪在一起，上班是和他一起工作，下班和他一起加班，休息和他躺在床上一起玩手机，他玩他的游戏，我看我的小说，甚至出门见小姐妹很多时候也是和顾同学一起，因为都是彼此认识的人。

每天 99% 的时间都待在一起，我实在有点扛不住，这样下去迟早会审美疲劳的啊。

于是我和顾同学提意见：呆萌，我们这天天腻歪在一起我觉得不太行，自从恋爱之后，我都很久没有业余活动了，你要不给咱们安排一下？

顾同学对我打包票：没问题，绝对让宝宝满意。

01

周六的时候，顾同学带着我出门，我问他去哪里，也不说。我问他要做什么，他让我跟着他的安排就行了。

收拾好东西之后，顾同学和我打车到了西溪湿地周边一条商业街，去 grandma's home（其实中文就是外婆家，我也不懂为什么要叫英文名）吃了一顿还不错的午饭。

其实看着外面的装潢，我都没认出来是外婆家。整体的装潢和以前经常在商场里见到的平易近人的外婆家不太一样，还没进门就有一种非常高端的感觉，外面也是绿荫围绕，一片静谧。

顾同学笑着和我说："没认出来吧，我最开始也没认出来。"他们这家餐厅因为坐落在西溪湿地旁边，所以整体的环境会更优雅一点，当然，价格也稍微贵一丢丢。

"还有一个原因，主要是这个地方离我们待会儿要去的地方比较近，走几步路就到了。"

我心里想：搞什么呀，还神神秘秘的。

吃完饭之后，顾同学就带着我，按照导航的地址步行去他之前就确定好的地方。一路上鸟语花香，路边都是各种盛开的花花草草，人也不是很多。

顾同学带我拐了好几个弯，才找到里面的一家店，我怀着好奇心和他走进去。

到了之后才发现是一家比较文艺的手工陶瓷店，店里环境清幽静雅，里面的陶瓷器具摆放得整齐大方，最里面的一排是进店的客人做手工的一排座位，阳光透过窗户正好可以洒在桌子上，多了一些温暖的感觉。

其实我在西溪湿地这边住了半年多了，也在杭州这边不长不短，算是生活了两年吧。可能是因为比较粗心的缘故，从来都没注意过家周边还有这么一个有趣又悠闲的地方，既可以DIY一件自己喜欢的杯子或者花瓶，又可以放松休闲，最重要的是可以暂时完全脱离掉之前的焦虑状态。

顾同学和我说：整天对着电脑手机有点累了吧，今天我们就来体验没有电子产品的下午，让你沉浸式地度过一个难忘的下午。

我看着周围有很多已经在做手工的顾客，看着他们手里不断被变形的陶泥，我也有点跃跃欲试。

陶艺店里的一个小姐姐和我们确认了订单之后，就拿出两套做手工的工具以及两块泥，和我们简单说了一下具体的做法。在得知我们是第一次做陶艺，之前从来没有接触过的时候，她建议我们第一次做简单一点，这样会更容易上手。

于是我和顾同学就准备按照小姐姐讲的那样，第一次上手不要太复杂，简单一点，各自做一个杯子就好了。这么有趣的事情，以后肯定会继续来，以后再逐渐增加难度。

我和顾同学拿着各自的泥，开始了自己的手工之旅。

首先，我按照小姐姐教的，先把一块泥展开铺平之后，放在转盘上旋转起来，然后用工具快速切割起来，做成了一个杯子的底座。

接下来，又拿出一块泥，把它搓成均匀的长条，一点点地盘在底部的托盘上，一边盘，一边用工具把杯面和杯子的底部黏合在一起。

说起来容易，做起来难。

在做的过程中，要做均匀的长条并不均匀，有的地方粗有点地方细，就会导致杯面的厚度并不一样，这个时候就要修修补补，而且有时候中间还会塌方。

中间还有几次实在是做不下去了，我还举手叫小姐姐过来帮我处理了一下。

好不容易做好了雏形之后，我趁机抬头看了一下顾同学。哟嗬，只见顾同学一脸认真地对待着手中的泥，就像一个老工匠一样，不断地修修补补。

仔细一看雏形，整体比我细致不少。

不行，我也要加油了。

在进行了简单的完善之后，我们开始上色。

我想："不就是一个杯子吗？简单上个色而已，有什么复杂的？"

我抬起头想看看其他人是怎么做的，周围可能都是之前来过的老顾客或者本身已经有一点点小基础的，有的已经在捏兔子或者狐狸了，有的在杯子上捏了花花草草，有的还在做其他稀奇古怪的造型。

这么一比，我的光秃秃的杯子就有点不够看了。

奈何手艺不到位，于是我就单独做了一个月亮和几颗小星星，然后放在了杯子表面。顾同学则是在中间画了一颗爱心，比较可爱。我们各自签名，对杯子进行了简单的上色之后，一个简单的陶泥就算捏完了。

02

以前从来没有接触过这些，所以整个过程还是比较开心的，我和顾同学都非常享受沉浸式地去体验一件新鲜的事物，尤其是自己从 0 到 1 做好一个完整的作品，虽然作品有点粗糙。

我本来以为做完这个顶多就一个小时，结果打开手机才发现已经将近三个小时了。

午后的阳光透过玻璃懒洋洋地洒在室内的桌子和人影上面，我站起来伸了一个大大的懒腰。每天几乎都是面对着电脑和手机，能偶尔完全离开电子设备，单独纯粹地去体验一件事情，这种感觉我是非常喜欢的。

看着顾同学在那边忙碌地做杯子，阳光暖暖地照到了他的白衬衫上面，我忽然觉得生活其实挺好的：悠闲又充实的生活，互相了解的伴侣，真的已经很知足了。

比较遗憾的是，这个陶泥做好之后，是无法当场烧好的。他们是一批一批统一拿到烧陶瓷的地方去烧，所以我们要在两个礼拜之后才能过来拿到成品。

比较乌龙的是，两个礼拜之后，我和顾同学不在杭州，回了老家，等到再次回到杭州，已经远远过了拿陶瓷的约定时间。他们一般是错过一个礼拜，就不再为顾客保留，可能会销毁或者什么的，我们也就没有再专程去拿，这个还是有点可惜的。

我们跟陶泥这个有点乌龙的缘分不是这一次。第二年，我们还有一个朋友在西湖边吃完饭想着找个地方散散心，正好附近有一个捏陶泥的，上次的体验还挺好的，于是我们就决定过去捏了。

依然是一个愉快的下午，但是他们家差不多是要一个月之后才能拿。

但是一个月之后，我们有一天周末过去他们并没有开门，我们在室外放置成品的地方也没有找到，因为这一次的地方稍微有点远，后面也就没有单独再过去。

所以，第二次捏陶泥也没有看到成品。

于是，我后面就再也不愿意在外面捏陶泥了，只有过程没有结果，实在是让人有点小难过。

03

从事新媒体工作，每天除了电脑就是手机，所以能远离电子产品的周末，我是非常喜欢的。

某一个周末，我躺在床上，我在想：最近除了工作就是工作，真的是太无趣了。明明我是自由职业者，时间安排还比较自由，怎么生活就这么无趣了。

我于是打开手机，看有没有比较好的休闲方式，搜搜找找，发现有一家插画体验馆还不错。我一直比较喜欢画画的，奈何以前经济条件不行也没机会进行学习，现在有了机会体验，虽然是照猫画虎，但是我也非常想去。

说干就干，我立马起床和顾同学说了我的想法，顾同学则表示和我一起过去，但是他不画，就在旁边看着我画。

我试图劝他和我一起画，但是被他拒绝，我想着也就算了，随他去吧，于是我们一起乘车去了附近的插画馆。

插画馆里大部分是长期或者是经常来的老学员，我们这种首次来的虽然不多，但是也有，馆里的画画老师很快就接待了我们，和我们简单地进行了讲解和操作。

第一次去基本是临摹，他们会给你很多样本，你选择一张，照着画就好。第一次画，一点基础都没有，也不可能让你肆意挥洒。

我选择了一张比较简单的蓝天白云，整体的色调比较鲜亮，但是很简单。

按照画画老师指点的，先用铅笔简单画一点点痕迹，然后一整块一整块地涂颜色，颜色过渡的部分要重点处理。因为我选择的是比较简单的插画，所以整体的手法是不难的，但是第一次画画的我在实际操作中还是有点小问题。

首先是在铅笔构图的时候，痕迹画重了，被要求用橡皮擦擦浅一点。

其次是马路的颜色是土黄色，但是被我调成了棕色，我还没发现。于是等吹干之后我再次覆盖，这个过程修改了三次。

树叶上面的各种绿色，被我画得四不像，最后还是插画老师过来帮我完善了一下。

和之前的陶泥一样，画完一整幅画之后，我以为才一两个小时，但是实际上已经过了三四个小时。而顾同学，就在旁边陪了我三四个小时，不得不说，顾同学非常有耐心了。

经过了这次插画的体验之后，我对画画就更有兴趣了。回到家之后，我还给自己买了一套画具，我想着以后周末就可以在家里画了，不用出门还能省一大笔画画的费用。

但是不得不说，花钱有花钱的道理。买了那套画具之后，我一次也没画过，不是借口忙，就是借口时间不够。

因为在插画馆，基本是沉浸式地学习或者画画，不会有外在的干扰。回到家，自己本身就是最大的干扰。

和很多情侣不一样，很多情侣基本上工作分开，或者是工作在一起，但是每天在一起的时间是有度的，会有分开的时间，也有在一起的时间。

但是我和顾同学几乎 24 小时和连体婴儿一样都在一起，过分的近距离对于任何感情都是一种考验。

于是在非工作的周末时间，我就经常和顾同学约着出去玩，尽量去挖掘和尝试自己以前都没有尝试过的事物，探索新的领域。

我们一起去尝试杭州新开的餐厅，一起去找滑雪场或者是室内攀岩馆去体验，一起找蛋糕烘焙店做简单的蛋糕，一起去游泳馆游泳。

我们不做彼此的负累，我们要一起成长前行。

2

有烟火气的男生，最有魅力

01

有人问：你最喜欢顾同学哪一点呢？或者是你认为顾同学身上哪一点更吸引你，更打动你？

我也问过自己这样的问题。

是因为出口成章文笔不错有才华？

还是说发脾气时对你的包容和贴心？

或者是和你一起共同前进的那份陪伴与共勉？

可能都有吧，但最令我欣赏的，是顾同学身上的那份烟火气息。

那是一种不虚伪不做作，对生活不过分用力但是却一直在努力的那份真诚的烟火气。

以前在上海工作，住在上海的出租屋里的时候，每次回家，走过长长的楼道时，总会闻到从楼层里飘来的各种各样的香味。

有的是刚下到热油锅里的青辣椒，还有点呛鼻；有的是清淡的肉香味，隔着老远都可以闻得到；还有的是典型的西红柿炒蛋的味儿，馋得人流口水。

在外住久了的人，总是特别馋家里的饭菜。哪怕只是一个简单的酸辣土豆丝，或者是一个蒜蓉青菜。

刚毕业在绍兴的时候，下了班还经常自己做饭。一个人的时候就简单煎一个鸡蛋，凉拌一盘黄瓜，再热两个馒头。

下班人多凑在一起的时候，我们就一起吃饭。一群人一起挤在同事老周的房间里，有人和面，有人摘菜，有人炒菜，围在一起做面疙瘩。没做饭的人呢，就最后自觉洗碗或者拖地。

老周总是吃完饭，然后擦一擦嘴说：我走了，要加班了，剩下的交给你们啦。

我们笑着挥挥手：去吧去吧，快去加班吧。老周走后，我们要么吃完饭看电视，要么打打麻将，或者各回各家。

我觉得那才是最真实的生活：有肉吃，有粥喝。最重要的是，有心思和精力去研究自己每天吃什么，去感受真正的人间烟火。

生活在这世间，没有什么比吃更能让人感到开心的了。

02

后来去了上海之后，和几个人合租在一起。由于工作和自身的原因，整个变得人异常焦虑。

那一段时间，除了工作之外，仿佛没有什么可以激起我的兴趣，没有什么可以瓜分我的精力，没有什么是我愿意去做的事情。

只有工作，而我的生活里，也已然只剩下了工作。除了日复一日的工作之外，也没有其他想做的。

那一段时间，我身边的人都问我：你是怎么了，怎么状态这么糟糕?

至于吃饭，基本上是点外卖或者出去吃。吃了一个月的“地沟油”，吃得我想吐，但是依然别无他法。因为我不想做，也没时间做。

那段时间无疑是最糟糕的，不再是为了生活而吃饭，而是为了生存而吃饭，为了完成任务而吃饭。

其实不在乎吃什么，也不在乎好吃不好吃，是不是自己喜欢的，只是觉得：吃过就了了，这件事就过去了。

有时候想想挺可笑的：如果连吃这件事都可以这么应付过去，那么人生还有什么不能凑合呢？

工作上虽然尽心尽力，但是好像怎么也无法融入公司的小团体，和同事关系打理得也不是很好，整个人就像一根麻花一样，活得十分拧巴。

不甘心过这样的生活，不愿意去迎合他人，但是也无法做到不在乎别人的看法，所以活得异常别扭。

后来，我换了工作，换了城市。

工作还是那样的工作，同事依然还是相似的同事，但是生活好像没那么拧巴了，最起码有盼头、有干劲了。

03

工作快结束晚上还没下班的时候，老白就发微信问我：什么时候回家，我们在你家等你吃饭。

还没到家门口时，就听到顾同学在厨房里叮叮当当的炒菜声。

回到家之后，我维护写作的社群，老白在一边讲微课，另一个朋友 33 在一旁忙自己的工作。

而放了暑假的顾同学，在厨房里为我们精心准备晚饭。

没等一会儿，就等到了顾同学的四菜一汤。虽然顾同学刚开始炒菜时，土豆丝像小拇指一样粗，玉米里全是油，黄瓜也是大厚片，但是我们吃得都非常香。

因为那个是自己做饭独有的烟火气息，也藏着顾同学些许笨拙的可爱和真诚。

顾同学经常和我说：獭獭，我和你恋爱之前，可是从来不会做饭和炒菜的，都很少下厨房。都是和你谈恋爱之后，才去学的炒菜。在来杭州看你之前，我一个人在家里炒了一个月的菜，现在你看到的四不像的菜，都是我努力了一个月的成品。

比起直接用钱买，他则是把自己的真心和赤诚放在了我面前。

当然，也因为他的真心和赤诚，我成功胖了 20 斤，从此在减肥的道路上一去不复返。

那个时候，我才觉得：这才是生活。生活需要的，就是这种接地气的烟火味，有人在家里等你下班吃饭，有人陪你一起加班工作，有人和你一起畅聊理想和未来。

不需要太多富丽堂皇，也不需要太多锦衣玉食，只需要我们彼此一颗真诚的心即可。

我们可以出去吃山珍海味，也可以拥抱自由游山玩水，但是最终让你留恋的，还是这人间的烟火味。

以前工作的时候，我觉得房子只是一个住的地方，住在哪里都一样。

可是当和顾同学在一起，沾上了烟火气息之后，连上班都是愉快的。因为你知道：还有一个有着烟火气息的地方，在等着你回来。而你一下班，就可以闻到香喷喷的饭菜。

我一直说：愿你有事做，有钱赚，有人爱。

这不就是我想要的吗？

一下班就可以吃到香香的饭菜，偶尔几个人在一起可以拌拌嘴打打闹闹，一个人不想待了出门 50 米就可以有地方让你撒泼打滚，还有人无条件支持你一起工作一起努力为未来打拼。

这不就是我们一直所追求的人生吗？

虽然未来依然是遥远的，但是我们一直在路上，一直都在为此努力。

3 一起好好吃饭是提升感情的良药

01

这几天要过年了，我和顾同学提前半个月回到了陕西老家。

老规矩，回家之后，我先带顾同学去吃了我们本地非常有特色的一家水盆羊肉。我们本地的水盆羊肉和外面有名的羊肉泡馍还是不太一样的：本地的水盆羊肉馍和肉是分开的，在上来一份热腾腾的水盆羊肉之后，我们要把馍掰成小块放进去泡软，然后吃掉。

大冬天的早上，来一碗热腾腾的水盆羊肉，真的是让人非常治愈。

在家里待了几天之后，我和顾同学开车带家人去附近的村子吃当地的农家乐。我第一次接触我们这里的农家乐还是上大学的时候，当时我们的一个室友爸妈带我们去吃的。

这里的农家乐非常有特色：进门不需要你点菜，服务员会根据你们的人数为你们安排饭菜，会尽量把当地的特色菜都端上来，比如这个季节的一些时令野菜，比如野荠菜等各种蔬菜，除此之外还有蒸饺、面鱼鱼、油馍、菜盒、甜饭、玉米馍等本地的一些特色面食。

菜基本上是当地种的或者是这个时节特有的野菜，纯绿色无污染，面食虽然都是用面做的，但成品差异非常大。

最重要的是，这样一桌子足够让你吃饱，让你撑着离开桌子的饭菜还不贵。这次我算了一下，我们 5 个人，算上所有的菜和面食，一桌子前后差不多上了 20 盘，最后没吃完，还有一些是打包带走的。

前几年是人均 20 元，这两年是人均 25 元，加上餐具费，总共也才 130 元，20 个菜 130 元，整体的性价比真的是非常高了，而且大家吃得都非常开心。

羊肉泡馍和农家乐，是我和顾同学每次回陕西老家都要去吃的。

一个是我们嘴馋，在外地基本吃不到正宗的陕西风味，回来就想尝尝。一个是正好带家人去下馆子，吃好吃的同时也可以交流下感情，父母一辈都是比较省钱的，他们平常很少去餐馆吃饭，很多时候都是我们回来之后一家人一起去吃。

俗话说：民以食为天。

其实在感情生活中，好好吃饭也是提升两个人感情的良药。

02

和顾同学认识之前，我还是一个 90 斤的妹子，虽然不是很好看，但也还算清秀可爱。但在认识顾同学两年之后，我的体重有一度最高飙升到了 120 斤，朋友见面问候的第一句话就是：你怎么又胖了？

我体重的增长，和顾同学的厨艺，是分不开的。

我很早之前写过一篇关于吃饭的文章，里面就说道：不论是情侣还是夫妻之间，两个人的关系好不好，能不能走得长远，是能从吃饭这件小事上看得出来的。

比如生活了好几年的夫妻，但是厨房却干净得一尘不染，这个其实是不太有利于感情的提升的。两个人都不做饭，吃饭怎么办？要么是出去下馆子，要么是叫外卖。

下馆子或者叫外卖，刚开始吃可能觉得比较好吃，觉得味道很不错。但是时间久了问题就会浮出表面：一个是觉得外面的重油重盐不利于自己的身体，一个是家里不开火缺少点烟火气。人不知道什么时候就会想着吃一点家里的饭，想两个人在家里感受一下家庭的温馨。

如果永远都不开火做饭，家里一直都是冷冰冰的，是不太有利于两个人的感情维系的。

电视剧的感情戏里面，经常会有这样的一幕：一个人在厨房做饭另一个人从后面拥抱住另一个，或者一家人在家里其乐融融做菜吃饭。

吃，永远是中国人绕不开的一个词。

我最开始和顾同学是因为写作在网络上认识的，那个时候还没见面，后来熟悉了很长的一段时间之后，才决定线下见面。

2017 年 7 月顾同学放假来看我，我当时在杭州一家互联网公司做新媒体编辑。

大家都知道，杭州的互联网工作压力其实是稍微有点大的，加班是经常性的。每次吃饭也是草草了事，要么是在公司食堂，要么是楼下的馆子随便应付一下，很少做饭。

顾同学本着让我好好吃饭的想法，其实我觉得他是想让我变胖然后找不到其他对象，非他不可，他决定在这个暑假给我做饭。

03

一个男孩子决定给一个女孩子做饭，而且是长期做饭，我觉得这是个非常不错的维护感情的方式，尤其是像我们这样奔着结婚目的的人。

毕竟站在女孩子的角度，谁都不希望自己结婚之后天天洗手作羹汤。偶尔做是情调，天天做就成厨师了。厨房和家务还是要双方商量着来，如果能一起干最好。

所以，顾同学要学做菜，我肯定不能打击他的自信心，毕竟我还是希望以后收获一枚愿意做家务的帅气暖男的，一定要热烈鼓励。

以前看到过这样一个段子：就是男朋友做菜的时候，不论有多不好吃，你一定要笑着夸奖他，这样他才有勇气做下一次，以后才会愿意做。你第一次就打击他，那他以后就不愿意做了。

本着这样的原则，我在心里暗自下决定：不论做的菜怎么样，我一定要夸奖，大力夸奖。

那个时候我晚上八九点回家，一进门迎接我的就是四菜一汤，不得不说，虽然以前从来没有下过厨，但是同学做的菜总的来说还是可以的。

一个炒土豆，一个凉拌黄瓜，一个炒玉米，一个西红柿炒蛋，再加一碗紫菜蛋花汤。

因为我们两个吃肉都很少，而且我们也都不太会做肉菜，所以基本上是素菜。

怎么说呢？菜的味道总体是不错的，和两三年前相比，现在顾同学的手艺是不可同日而语的。那个时候刚开始做菜的顾同学，炒土豆炒的是土豆条不是土豆丝，就和快餐店薯条的宽度一样，虽然总体味道不错，但是美观度上还缺点火候。

炒玉米虽然味道不错，但是一盘玉米半盘油。

在这样美味但过分营养的投喂下，暑假那一个月，我成功圆了一圈。

后来，我每次都说顾同学：我就是认识你以后才长胖的，以前我都没这么胖。

在当时还在恋爱的时候，顾同学愿意做菜是一个非常大的加分项。愿意做菜做家务，我觉得这是一件非常体贴让我非常感动的事情。

感情里彼此双方愿意付出，双向奔赴才最美好。

04

我以前在家里很少做家务，对于做菜做家务我有点抵触，不太会做也不愿意去做。

结婚之后，我妈妈经常和我背地说悄悄话：你不要让人家小顾一个人做家务，你也要去做。你们两个人一个切菜一个做菜很快的，不要让人家一个人做，你这样长时间不好的。

不得不说真的是我亲妈，非常懂我了。

我觉得做家务不是谁天生都会，也没有人天生就爱做家务爱干活，家里的事情还是要双方一起做一起付出。所以，在我和顾同学经历了一段两个人做饭点外卖，以及为了做家务偶尔争争吵吵磨合的时间之后，我和顾同学终于达到了一个平衡点。

顾同学嫌弃我洗菜就用水淘一遍不干净，于是他洗菜；

我嫌弃他一边看电视一边切菜磨磨叽叽，于是我切菜。

我嫌弃油烟不愿意炒菜于是他炒菜，他不是很爱拖地于是他炒菜的时候我就顺便把地拖一下。当然更多的时候，是他炒菜的时候我在旁边玩手机等着吃饭。

对于做饭这件事情，我们找到了一个平衡点，不反感而且愿意做，后来我们也在里面找到了很多做饭的乐趣。

他会提前把土豆丝淘三遍用醋泡好就为了炒一个清脆的酸辣土豆丝，我花一个小时就为了炖一个土豆烧牛腩，我们在做饭这件事情上达到了一致：不用每天做饭，但是也不能经常出去吃。偶尔在家里做饭，既干净又美味，还能为钱包省点钱。

当然，我们还是会在楼下食堂或者外面下馆子，也会经常叫上几个好朋友到家里聚聚，提前准备好饭菜。

每一对情侣或者夫妻的生活中，最后都避免不了谁做饭或者谁做家务这些事情。在这些事情上，如何去协调沟通，如何去处理或者看待这些事情，对彼此之间后面的感情生活影响很大。

谁做饭不重要，谁做家务也不重要，重要的是：通过做饭这件事情，是否把对方的扶持看在眼里，是否愿意为对方付出，是否愿意为这个家承担，是否愿意为了这份感情彼此让出一步甚至改变一些。

感情里可能没有对错，但是会有珍惜和付出。

看到你的付出并且愿意承担我的责任，珍惜你的感情并且愿意回应，这才是我们都需要的感情。

好好吃饭，好好爱彼此，一起成长并且变得更好，这是我们都要学习并且一直要学习的功课。

4

异地恋的我们

01

和顾同学异地的时候，如果说什么时间最难过的话，那就是分开的时候了。

谈恋爱的时候，顾同学经常利用假期和调休过来看我，用顾同学的话来说：我一年的飞机票都几十张了，买飞机票都花了两三万。

在一起的日子总是开心的，一起工作，一起看电影约会，一起做饭，一起出去玩，那个时候都恨不得像个袋鼠一样挂在彼此身上。

分开的时候，总是格外不舍的。

顾同学买的多是上午的机票，他大清早起来收拾好东西，然后给我一个浅浅的吻，自己拎着行李箱一个人打车去机场。

等我一觉醒来的时候，房间里空荡荡地就只剩下我一个人。看着十分安静的房间，我有点失落。仿佛那个人还会推门进来和你说：懒猪懒猪，快来吃早饭。

但是手机里的微信提醒你，他已经在千里之外的飞机上了。

听到微信里他出发时发的语音：

“獭宝宝，我已经到机场了，你是不是还没起床，起床了记得吃早饭哦，等我暑假再来看你。

“我已经过安检了，在等登机，还有一会儿就上飞机了，你起床了没？

“我关机了哈，下飞机再联系你哈，爱你哟……”

听着里面的语音，我躺在床上，不想动，什么也不想听。

02

如果一直是一个人，那什么都可以接受。但是如果已经感受过两个人在一起的陪伴和温馨，再恢复到只有自己一个人，心情自然是十分难过的。

我舍不得。

舍不得一起度过的温馨时光，舍不得另一个人的陪伴，舍不得共同经历的事情。

更舍不得远方的那个人。

我想问顾同学：你什么时候再来看我？是不是又要几个月之后？

也想问他：我们什么时候才能结束这种异地的状态，什么时候睁眼就能看到彼此？

文字敲敲打打在手机的显示屏上，又被我一个个删除，变成一空白。

最后只剩下一句：好好工作，照顾好自己，爱你。

不能给对方太大的压力，因为我知道他也在努力。只能一个人慢慢地习惯这种分开、相聚、相聚、分开的状态。一个人变得更加独立，也更加珍惜彼此在一起的时间。

异地恋大部分是聚少离多。

在一起的时候，我们珍惜彼此陪伴的时间，尽可能地留给对方快乐的时光。

分开后，我们都十分努力认真地工作和生活，因为我们都懂得：只有更加努力地工作，我们才能早日结束这种异地的状态，想要和对方长期在一起，那么，短期需要付出加倍的努力。

03

不知道经历了多少次分开相聚，多少张飞机票，多少个日日夜夜的等待，我和顾同学最后终于一起落地到了杭州，结束了这种异地的状态。

因为我和顾同学各在异地以及工作等原因，我们暂时选择了自由职业。自由职业并不会让工作更加轻松，反而对自律要求更加严格，只是工作地点相对比较宽松。

我和顾同学大部分时间都在一起，工作、生活、出差，几乎 99% 的时间都是在一起度过的。

长时间的相处不但没有让我们感觉到腻味或者是厌烦，反而更加了解彼此，更加舒服地生活和陪伴彼此。

异地其实是一种考验，度过了以后的感情不一定是康庄大道，但是没度过，就只能更加努力地修行。

爱自己，爱他人。

5

到你的城市去看你

01

谈恋爱的前几年，我和顾同学一直保持着异地的状态，聚少离多。

那个时候我还在互联网公司工作，顾同学也做着自己的教师工作，很多时候都是通过微信来交流，说一说今天发生了什么事情，讲一讲吃了什么饭遇见了什么人。

用一句比较逗的话说就是：我的对象住在手机里。

后面我因为工作原因辞职了，暂时是自由职业的身份，平常给其他公众号或者出版社写写稿子赚点稿费，更新一下自己的公众号偶尔接接广告，然后再开拓一些新的业务。

工作还是那些工作，但是工作的时间和地点已经自由了很多，我就悄悄想着：在哪里都是工作，那还不如正好趁机去云南看看顾同学。

我还没做好计划，这个时候就传来了顾同学摔跤的消息。顾同学在去学校的路上，骑摩托摔了一跤，而且还摔得不轻。摔倒的时候，被摩托车直接砸在了脚踝侧的骨头上，直接骨折了。

伤筋动骨三个月，看过医生做过处理之后，顾同学的脚被完完全全地用石膏裹了起来，短期只能用支架单脚行走。

顾同学租的房子在三楼，没有电梯，上下楼梯是无法独立完成的，顾同学的爸爸就专门过去照顾他。主要工作一个是做饭，一个是背他上下楼。

看着顾同学在手机里可怜巴巴的样子，我更坚定了去看他的决心。

当然，我不会和顾同学一样傻傻地玩什么忽然给你一个惊喜，要是和他一样在门外面苦哈哈等三个小时我是不干的，最主要的是他那边我也没去过。

于是我和他商量了一下，确定了出发的日期和航班，然后准备去看他。

02

到了云南见了顾同学之后，我看着扶着支架的顾同学，实在是没忍住笑了起来，我打趣他：你和我解释一下，你是怎么骑摩托摔跤的，不是说了很多次要小心吗，就几分钟的距离。

顾同学就开始滔滔不绝地讲他的摔倒经历："当时拐弯比较着急，地上又有水，一下子没控制好平衡就摔跤了。前面爸爸没来的几天，还是学生背着我上下楼，太惨了。"

我安慰他："不伤心不伤心，我最近工作比较自由，可以多陪你一段时间。"

顾同学受伤的这段时间，白天由他爸爸接送他去上课，他去上课的时候，我就在附近的新华书店工作或者看书，偶尔也在家里刷刷剧看看小说，有时候他没课就和他一起去附近转转或者去新华书店一起工作。

顾爸爸则利用这对他而言比较清闲的一个月，在附近报了个驾校。

在学车这件事情上，我是最佩服顾爸爸的。顾爸爸是一个平常都不怎么玩手机的人，电子设备的操作熟悉度几乎为零，但是将近六十岁的他，完全是用自己的勤奋和笨办法在一个月内拿下了驾照，而且从科目一到科目四都是满分一次过。

顾爸爸去驾校的时候，就认真学习，不去驾校在家里的时候，除了做饭吃饭和做家务的时间，其余时间全都在看快手抖音等 App 里学车的短视频，在手机上看别人怎么教学怎么操作的，然后第二天去驾校再自己实践。

就这样，不到一个月就把驾照拿到手了。要知道，我在杭州后来紧赶慢赶，天天催教练，也十分刻苦认真，都花了三个月才拿下。

我则在顾同学的家里，正常地进行着我的工作，和在杭州没什么两样。该写稿写稿，该录音录音，该谈合作谈合作。

工作本身，就是为了尽可能获得最大范围的自由，同样，自由本身，也需要你不断去努力才可以。

03

顾同学所在的县城里，有一家非常有当地特色的菌菇汤火锅店，很多昆明或者是地级市的人都会专门开车到那里去吃，味道和评价非常不错。

云南的菌菇比较有名，很多菌菇都是当天或者是前一天去当地山上采摘，菌菇采摘的时间太早就容易不新鲜。

这家店的菌菇基本就是提前去山上采摘出来，而且你在吃的时候，是直接去店里面选好你要吃的菌菇种类以及总的重量，然后他们才为你现场做。

虽说是火锅，但整体还是以菌菇为主，各种各样的菌菇我都不认识，最后还是服务员推荐了几款大家都觉得不错的菌菇给我们。

菌菇的味道非常鲜，尤其是里面现熬的菌菇汤，非常好喝也比较有营养。在吃的过程中，我几乎全程都在吃菌菇，其他辅菜几乎没动，最后几乎是撑着离开桌面的。

后面我每次去看顾同学，都会和顾同学吃一次他们家的菌菇，真的是太馋了。

当然，除了这家菌菇火锅店，我和顾同学也把县城里的其他美食店搜刮了一个遍：

大清早的时候，在楼下摆摊的地方点一份热乎乎的小笼包；

深夜的时候，去附近的烧烤城来一份烧烤；

或者是周末去当地评价比较好的火锅店三个人来一份火锅，价格实惠种类又多，基本是 3 个人花不到 90 元。

有时候还会去县城的广场遛弯，看看远处的喷泉以及近处的足球场，感受着小县城的热闹氛围。

在知道我比较喜欢吃水果之后，顾爸爸每次买水果都是一大堆一大堆地买。

今天是一大堆四五十个的小杧果，明天是一大串一大串的葡萄有一大袋子，后天是半筐橘子直接带回来。后来我和顾同学极力劝阻了他的这种行为，家里水果才慢慢少了，库存才被我们一起慢慢消化掉。

小县城的生活节奏很慢，一点都没有大城市的劳碌和浮躁。

我们就这么慢慢地静下来生活，慢下来工作和学习，在彼此的陪伴中，等待每一个日出和黄昏。

后来顾同学的脚好得差不多了，我才回到杭州，开展我新的一轮工作和生活规划，而顾同学则为了自己的工作和未来不断努力。

我们都知道：短暂的分离是为了更好的相聚，只要我们的目标一致，一起努力，总会尽快结束这种异地的状态的，到时候迎接我们的，是更好的彼此。

6

毕业两年，我辞掉了那份月入过万的工作

01

2019 年 10 月的一个下午，我收到了前公司的离职证明。

盖着红色章印的文件写着简短的几行字：

由于个人原因，现辞去资深编辑一职，现已办理完所有离职手续，与该公司解除劳动关系。

我签了字，然后折叠好收到自己的口袋里，叹了口气。和几个关系比较好的同事告完别后，缓缓走进了电梯。

我在朋友圈发了一条 # 奔向自由生活 # 的朋友圈之后，下

面清一色的评论：

你又辞职了？

怎么又辞职了？

你什么情况，不是开玩笑的吧。

我苦笑着看着大家发来的信息，却不知道说什么。

公司很好，工作也很好，领导和同事也都很好，我也没什么问题，但是我总觉得哪里不对劲。

电影《肖申克的救赎》中有这么一句话：

有一种鸟儿是永远也关不住的，因为它的每片羽翼上都沾满了自由的光辉。

可能我还是一个有着一些情怀和自由情结的人，即使能清晰地明白现实和一些事实，但是我依然做不到被工作束缚，被生活所捆绑。

不过令人庆幸的是，即便我做了这个决定，依然有朋友和家人支持着我。

顾同学看到我的朋友圈之后，给我发了一个小红包，然后附言道：不要太难过，你还有我，我们一起努力。

我笑着对自己说：是的，你还有身边这些鼓励你的人，你会更加努力和优秀，你会一直向前走。

也就是从这里，我开始了我的自由职业的生涯。

02

回想起毕业两年的经历，3 份工作，3 座城市。

这是一份有点成果但是也有一些惨淡的简历。

从传统的财务行业成功转行到近几年新兴起来的新媒体行业；从一个最开始有点手足无措的小会计，到现在写出多篇 10 万 + 的新媒体编辑；从一个刚毕业只有 2700 元月资的收入到后来薪资月入过万。

正如最开始换行业时的想法一样：

我确实找到了让自己开心的行业，确实改善了自己的生活环境，确实在不断突破自己人生的另一种可能性。

但是在这期间，除了偶尔的开心之外，我始终没有找到自己内心真正想要的东西，始终觉得有一些东西是不对的，但是我却一直没有勇气去纠正。

记得我去上海面试，同时收到了一家传统行业的财务工作和一家新媒体公司的编辑的 offer，薪资待遇差不多，但是是完全不同的行业和前途。

财务是我的老本行，而且他们的财务总监很看好我，去的话也可以学到很多知识；新媒体虽然有接触，也挺喜欢，但却从来没有系统接触过，要转行可能要承受很大的风险。

当时也是纠结过很多次的，但最后还是选择了新媒体。

那个时候就是想看看，如果这么做，自己的人生会怎样。总想去试试不一样的人生和另一种可能性。

年轻的我内心一直有一股冲劲：我就是想去试试，想尽自己的全力试试，看看我能走到哪种地步，能做到什么程度。

只有拼过，自己才不会后悔。

03

后来不论是在上海，还是在杭州，公司和工作都很好。

但是我总觉得：人是要有一些真正追求的东西，要有自己的真正所爱和梦想的。

而这些，都是工作所给不了我的。

这是毕业后的第三次辞职：

第一次辞职，是从绍兴到上海，从财务到新媒体；

第二次辞职，是从上海到杭州，从一个新媒体小白到所谓的新媒体资深编辑；

而这一次辞职，则是从一个月薪过万的职场工作者，到一个真正的自由撰稿人。

我写过鸡汤，也写过情感，甚至为了公司的文章阅读量，写过一些我并不认同的观点的文章。

我中间也一直在迷茫，写作到底是为了什么？我从一开始就喜欢写，喜欢的到底是写作的过程，还是写的文章带来的存在感和名誉，还是为了一份比较体面的工作？

我一直在思考，只是一直没理出一个头绪。

后来有一天忽然明白：其实每个人的生活是不同的，每个人对于生活的认知和感悟是不同的。而写作就是为了发掘生活的真谛，以及用文字留住那些感动人的东西。

这才是我喜欢的写作，以及我想做的事情。

同样，生活也并不是为了跟大多数人一样，不是为了生存而生活，也不是为了寻求相似而生活，更不是为了赚钱而生活。

而是为了体验不同的可能性，与不断突破人生的极限。去一边依靠禁锢，一边又摆脱禁锢，实现真正的身心自由。

很多人对自由职业有着一种误解：认为自由职业特别潇洒，想去哪里就去哪里，写写文章看看风景，潇洒一生。

其实不然，想起一位关系非常好的自由职业朋友说的话：谁苦谁知道。上班只要朝九晚五就够了，但是自由职业因为没有了稳定的工资依靠，反而要承受更大的风险。

其中付出的辛苦和脑力劳动，也远远比上班累。

记得前几天开始准备一期写作课程的时候，和朋友两个人在家加班加到凌晨三点，好不容易加完好友之后，早上起来微信又是几百条消息，那一瞬间整个人都是崩溃的。

除了比较强的工作压力之外，自由职业还需要更强的自律性以及对时间的规划。

我一直认为：自由职业与一般的工作，从本质上也没什么区别，只不过一个是为公司服务，按时上下班；一个则是为自己服务，为自己工作。

很多人之所以选择自由职业，一方面是因为已经有了足够的能力将自己从普通的工作中解放出来，留有更大的可能性；一方面是对人生有了新的安排，而工作与之相矛盾。

但是不论怎样，对于我而言，这又是一个新的起点。正如上一次辞职的时候写的：辞职，是为了更好地增值。

04

在我毕业的这几年里面，不论是换工作，还是转行，抑或是选择了自由职业，除了内心想去尝试之外，我最感谢的还是陪在我身边的朋友。

在我犹豫不决不知道是否该辞职做自由职业的时候，顾同学和老白给了我很大的精神支持和鼓励，当然也给了我很多工作上的建议和以后的方向指导。

正是因为他们的建议和支持，我才敢决定那么做。

一方面是因为自己有了一定的能力，可以为自己兜底。一方面是因为我知道，在未知的人生里，他们会和我一起努力和前进。

事实证明，在后来的几年时间里，我们也确实像当时期待的那样，一直在努力，也一直彼此陪伴着共同成长。

希望自己在以后的“自由时光”里，可以真正按照自己的想法和计划而活，真正体验另一种人生，可以再次突破人生的可能性。活得自由、独立、快乐！

7

认真工作的人最美丽

天知道我最近经历了什么。

上上周五辞完职，拉着我的小行李箱，迈着小碎步，开心地奔向丽江，准备开始我的“自由生活之旅”了。

结果，在丽江还没有待两天，就开启了“苦逼模式”。

第一天：在昆明屁股还没坐稳，就去了简书的线下交流会，见了几个老朋友。

第三天：在泸沽湖被冻得像一只狗，没空调我就不说了，居然连热水都没有。

第五天：在玉溪的一家酒店里，用手机流量给电脑开热点，然后讲完了写作的第一讲。讲完课之后又立马跟设计小姐姐以及荔枝微课的工作人员沟通详情页设计，吃完饭已经是晚上十二点。

接着，后面的几天，一直窝在酒店里，备课、讲课、写文章、回复消息。

说好的出来度假呢？同样是工作，我为什么不在家舒舒服服工作，要在2000千米以外的陌生地方工作，累还不说，我还水土不服。

直到我最后受不了了，连忙拉着我的小行李箱滚回了杭州。

你以为这就完了？

啧啧啧，太天真了。

回到杭州之后，还没睡一个安稳觉，就被老白叫去参加她喜欢的一个明星的节目录制，因为那个明星那天过生日，她要陪他去过生日。于是，陪她录节目录到了凌晨一点，回到杭州已经是凌晨三点。

然后第二天一觉醒来：准备微课、讲微课。

第三天：和一个新媒体公司的大佬去谈合作，谈了一早上。

然后今天，加好友，回复学员消息又是一天。一天了，我除了吃饭连家门都不想出。

其实还有一大堆事情要处理。

我跟你说，我现在整个人都是头晕脑涨的。我家楼上还在装修，我真的要报警了。

至于我的老白，则在把我召唤回杭州之后，自己屁颠屁颠去象山出差谈业务，下周才回来。

我："你是把我召唤回来镇守大杭州的吗？大杭州是有金山银山怕被别人偷走吗？把我叫回来你就走了。"

开玩笑的。

其实是辞职之后：我和她都比以前至少忙了 5 倍。

好多人羡慕自由职业的生活，只有我和她知道：上班的日子有多幸福。用我一个好朋友的话说就是：自由职业，谁苦谁知道。

以前上班的时候，只要按时上班，完成老板的指标，偶尔贡献一点新点子，偶尔加加班，写写报告，就可以领工资了。

周一盼周五，月初盼月末。

总之一句话：只要在上班时间，把老板吩咐的做完就好了。然后开心快乐拿着工资去逛街。

但是辞职之后呢？

我经常在凌晨十二点还在回复学员消息，看到微信的消息由 800 多条变成 500 多条，再变成几十条，直到小红点完全消失，我才能安稳地睡一个好觉。

醒来之后，发现：唉，又来了几百条消息。妈呀，我要自杀。

后来慢慢就习惯这种生活了。

一个人去其他公司谈合作；一个人去研究新媒体其他领域的模式，看看自己能不能有突破；一个人去找好几家快递公司谈合作，压价钱，看看最低多少钱可以长期寄快递。

自己逼自己早起，去看书，去听网课，去学习充电。

在公司还有领导同事一起学习，自由职业者只能自己去找方式去学习。

生怕自己变懒，生怕自己落后，生怕自己把自己毁掉。

很多人在后台给我留言：

树獭姐姐，很羡慕你现在的生活方式，你也做到了你所说的自由、独立、幸福，我要努力，朝着你的方向前进。

其实我很感谢一些读者对我的欣赏，但是我还是想说：

没有谁的生活是容易的。

你看见的光鲜背后，都是看不见的苟且。

之前也说了，我前天去和老白给她喜欢的明星过生日，去陪她录节目。那也是我第一次亲眼见明星录节目：

看起来只是一集简单普通的综艺节目，从上午十点，录到凌晨一点。

整整一天，都在聚光灯下录节目。

不仅要保持最大的优雅和耐心，跟其他嘉宾保持实时互动；还要精心准备节目演出，用各种方式给大家惊喜；还要想办法去回答主持人的各种问题，或者去提问其他嘉宾。

其他人累了可以抱怨，但是明星不能，那么多人看着呢。粉丝迷妹都在底下呢，忍住！

这还只是在录制现场，台上一分钟，台下十年功。他们在台下所承受的，是比台上多百倍的努力和辛苦。而且每天除了高强度的工作之外，还要经常承受旅途的困顿，飞去各个城市做节目。

很多人觉得明星只要长得好看就好了，其实不是的：

光鲜的聚光灯下，其实是另一种疲惫而努力的姿态。他们为自己的生活付出的努力，比平常人要艰辛太多。

可能因为我的职业生涯实在太不靠谱了，毕业两年，3 个城市，3 份工作，现在索性不工作了。

所以很多人来跟我咨询：树獭，我对现在的工作不满意，或者是我也想跳出国企单位，你觉得这样可以吗？

我想说：首先，人生的选择都是自己做的。别人永远只能给你建议，不论好坏，你的人生只能你来负责。

其次，如果真的不喜欢目前的工作，想要辞职的话，你要确保，你辞职之后的生活会比现在更好。如果你觉得你的单位是在限制你的发展，你有了更喜欢的事业你也能保证你的生活质量不受影响，那么，你可以去试试。

但是如果你想说：我就是有点累，觉得这份工作有点辛苦。那我告诉你：本质上没有工作是不辛苦的。你看到不辛苦的工作，要么只是外表的光鲜，要么是他之前已经做了足够的努力和付出，有了独立运转的体系，把自己完全剥离了出来，才不那么辛苦。

你会是哪种呢?

我认同年轻人不要死工作，要有自己的思维和勇气。除了目前的工作之外，去开拓自己的人生体系和业余爱好；但是我也要提醒年轻人：不要因为辛苦和劳累，去逃避原本属于自己成长的机会。

因为无数人用血的经验告诉你：你现在逃避的一切，最后都会变成其他的巴掌狠狠地打在你的脸上。

逃避改变不了任何事情，就跟辞职也改变不了要工作的本质一样。

8

今年七夕送什么礼物

01

今年的情人节是正月初三，大家都还在家过年。

大清早起来，我对顾同学说：“我问你一个问题，你必须在十秒钟内回答我，不许犹豫不许思考，立刻马上，开始！今天是什么日子！快点回答不许思考。”

顾同学刚开始还惊慌了一下，看他的样子是完全都没想出来。然后思考了一下才回答：“情人节！今天是情人节。”

我转头就问：“那礼物呢？”

顾同学笑着和我说：“今年不是在家吗？怎么买礼物？”

我哼唧了一声。

顾同学晚上转了一个 520 的红包过来，我收了之后给他回了一个 666，说了一句：情人节快乐。

我和顾同学刚谈恋爱的时候，也曾花尽心思送对方礼物，以比较实用的礼物居多。

我看他经常写文章，但是电脑很卡，效率也不高。于是送了他一台 MacBook Air 笔记本，他用了三四年，直到现在也在用。

我看他打字辛苦，给他送了一个 Cherry 的机械键盘，打字非常舒服，也是一用就是三四年。

有一年情人节的时候，我给他送了一块四千多的天梭机械手表，他不舍得戴。于是我每年情人节都把这块手表拿出来擦擦灰，再装进盒子里，再给他送一次，表示今年的礼物就送完了。

顾同学刚开始追我的时候，问了朋友，研究了很久，送了我一台香薰机。现在结婚几年了，我们家用的还是这一台小小的香薰机，写文章的时候开一阵，整个房间都是清香的。

去年情人节的时候，顾同学一直神神秘秘的，后来当天我才知道，顾同学送了我一瓶神仙水和前男友面膜。因为我皮肤不好，用的护肤品也一般，对于神仙水几乎没有女生不向往，但我真的心疼钱，舍不得买。

顾同学看我十分舍不得，但是又想要，于是暗戳戳偷偷买给我。

喜欢吗？喜欢！

心疼钱吗？心疼！

不论顾同学还是我，我们给对方送的礼物，首要功能是实用，因为我们家境都一般，每一分钱都是自己的血汗钱，所以买的东西都是对方需要而且实用的，很多都是一用好几年。

另外一个是看重彼此，因为很多时候，很多东西自己都舍不得买，但是却愿意给对方买。

平时几十块一斤的车厘子我舍不得吃，但是每次给顾同学买都毫不犹豫。

那是因为愿意把对方放在心上，宠着对方，当然也是因为对方值得。

02

我和顾同学刚谈恋爱的时候，送的礼物比较用心比较实用，也稍微有点小贵。后面恋爱久了结婚之后，礼物就不是那么重要了。

他给我的就是一个 520 红包，我回一个 666 回去。

他送我一瓶神仙水，我给他的就是把四千多块钱的手表拿出来擦擦灰再送一次。

然后互道一声：情人节快乐。

更多的时候，是一起出去吃一顿好吃的，看一场电影结束。

是不看重对方吗？是不爱了吗？不珍惜了吗？没有仪式感了吗？

肯定都不是。

是因为我们把爱分在了每一天里面，所以反而不会特别在意某一天。

我出门健身的时候，经常会在健身房楼下买半个西瓜给顾同学带回去，因为我知道他喜欢吃。

顾同学则是经常在我早上还没醒的时候，就买好了早餐放在桌子上，我一起床就可以吃到。

是因为都知道彼此很重要，很珍惜彼此，所以也就不会再用固定的节日和礼物去表达。当然，平常我们也会准备一些不经意的小惊喜。

人们过节日，本质上是为了开心和加深感情，如果一味为了礼物而本末倒置，其实节日就真的没什么意思了。

真心实意比花里胡哨更值得尊重。

03

高中的时候，我还是一个伪文青。那个时候喜欢看饶雪漫的《沙漏》，但是比较穷，舍不得花钱买，就去门口的书店里租，一天一毛钱。

租的书破破烂烂，但是看的还是很开心。

过生日的那天，下晚自习的时候，我们班和我关系比较好的三个男同学，神秘地走过来，一人往我桌子上扔了一本书，正是《沙漏》的三部。

当时看到他们酷酷的背影，都要感动哭了。这件事已经过去七八年了，但是我想起来依然很感动。

有些东西是不能用钱来衡量的，如果非要那么说，三本书其实也只有 60 块钱，但对当时的穷同学来说，60 块钱已经很多了，而且收到的温暖是无价的。

收到礼物时的惊喜与开心，其实是跟钱没有多大关系的。对于女孩子来说，一管 YSL 口红可以让她开心，一串烤土豆也可以让她欣喜。

心意比钱更珍贵。

而且，看一个人爱不爱你，并不是看他送你什么，而是看他送的是不是你所稀缺的。

一个人身价千万，送你一个520的红包，你就觉得遇到真爱了，有可能人家是群发的。

一个人工资只有3000块，但是却在七夕的时候，花了半个月工资给了你一个惊喜。这个时候你还嫌弃他不够爱你，那就真的是需要滴眼药水了。

他没钱的时候，肯花钱想办法送你性价比高的礼物；他很忙的时候，肯抽出不多的时间来陪你；他脾气不好，但是对你却是难得的温柔。

给你我自己没有的，给你我最珍贵的，这才是爱情的特殊性与可贵性，而不是一味用钱去衡量。如果用钱去衡量，找一份高薪资的工作去呀。

我和顾同学异地恋的时候，每年聚少离多，每一次离开就和失恋了一样。因为对于异地恋而言，每一次分别就跟一次失恋一样。想着对方就要走了，又要好久才能见到，就感觉整个人生都没意义了。

这个时候你跟我谈七夕送什么礼物比较好。

送多贵的，送多好的，送多实用的?

其实，一万块的礼物我都不想要，只想要一个简单的陪伴。

每个人对于爱情的需求是不同的，同样，每个人对于爱情的表达方式也是不同的。所以不要只用同一种标准去判断事情，也不要只用单纯的多少钱来衡量爱情。

9

一起游戏一起嗨

01

有一段时间，吃鸡非常流行。

流行到什么程度呢，就我这种平常只是玩开心消消乐的小菜鸡，在老白的不断诱导以及耐心教学下，也加入了吃鸡的队列。

当然，上阵父子兵，游戏夫妻档。平时只玩电脑游戏的顾同学，我肯定不会放过。我决定把他拉入我们的吃鸡阵营，这样四个人就刚好组成一个队伍。

起初，顾同学非常坚决地拒绝了我，因为他平常玩的

Dota，是他十几年前就和朋友玩的，虽然现在他们玩的那一款游戏全国只有十几万人在玩了，有时候半夜组队都匹配不到对手。但是顾同学依然不肯放弃，用他的话来说：这就是“情怀”。

顾同学一直不肯加入我们的吃鸡大军，于是我们经常三个小伙伴随机匹配一个人，有时候是带我们的大神，有时候是满口祖安话（网络用语，表示非常喜欢骂脏话）的小学生，甚至还有让我们给他找对象的大哥，游戏的过程还是挺有趣的。

我们三个玩我们的吃鸡，顾同学就和他的老朋友们一直玩Dota。

终于有一天，顾同学的Dota队友都在忙，他已经好久没有和他们的队友打一把游戏了。而且我们正好三缺一，于是在我们的不断诱惑之下，顾同学终于决定尝试和我们玩一把。

这一把游戏，就把顾同学的斗志给激发了起来，顾同学本着一定要吃鸡的原则，和我们一直玩到晚上十二点。

于是，早上刚睡醒，我看着睡眼惺忪的他，悄悄问了一句：来一把？顾同学立马睁眼拿手机：走！你发语音问老白玩不玩，组队！

不仅如此，网瘾少年顾同学还把他打Dota的队友也拉过来一起吃鸡，有时候我们两个加他两个队友，四个人经常一起组队打游戏。

我和顾同学的一般策略是苟，能苟到底绝对不会直接刚，苟到底之后再想办法干倒敌人。而顾同学的队友则比较激进，别问，问就是冲，苟不存在的。

于是我们在游戏的过程中，对于究竟是冲还是苟，经常有不一样的看法。

02

在游戏的过程中，我和顾同学也有一点不一样的看法。顾同学的信念是就要赢，只要赢了就开心，输了就不甘心。而我的看法是过程最重要，和你玩游戏的人你们的体验最重要，只要大家玩得开心，大家在一起，输赢不是那么重要，大不了再来一把。

我和顾同学不一样的游戏看法，也导致了我们在玩的过程中有一些啼笑皆非的事情。

吃鸡中有一种游戏模式“火力对决”是只有周末才能玩，过了周日晚上十二点就不能再玩了，只能玩其他的，我们几个对这种游戏模式都格外喜欢。

有一次周日晚上，工作结束之后，我们四个人开始组队玩火力对决，前几把都还正常，最后一把的时候，还剩下最后两队和我们在僵持，但是当时已经是晚上十一点五十五分了。

这意味着什么？如果我们和他们僵持，我们可能会赢，也可能会输，但是我们结束这一把游戏肯定就要到十二点之后了，我们今天就不能再开一把了。

但是如果我们现在放弃这一把，立马开新的一局，那我们还是可以再玩一整场的。

我的观点肯定是放弃重新玩，然后顾同学的看法是坚持下去，还有机会赢。

我们的两个队友已经很早被淘汰了，目前我们队就只剩下我和顾同学。于是我和其他两个同学悄悄说：“你说我要是这会儿给顾同学扔一颗手榴弹，那我们是不是就直接淘汰了。”

老白他们两个笑着怼我：“顾同学要被你气死了。”

顾同学也被吓了一跳，警告我说：“别乱来哈，我警告你。”

他们越不让我做，我就越想做，而且游戏嘛，就是要有不一样的体验才对。于是恶从胆边生，我悄悄靠近顾同学，然后扔了一颗手榴弹在他身边，只听见“砰”的一声，我们就被淘汰了。

看到这样的局面，我捧腹大笑，估计对方也蒙着呢，谁能想到他们的敌人在临近决赛的时候自相残杀。

顾同学还一脸蒙地问我：“刚刚发生了什么事？为什么我

一下子就挂了。”

我笑着说：“我把你炸了。”

顾同学一听这话就怒了，对着我恨得牙痒痒。我赶紧安慰道：“我还不是为了我们下一场嘛，我们还有下一把，快开快开，不然就要过十二点了。”

直到下一场打完，顾同学都没逃出被我用手榴弹炸了的心理阴影，一直嘟囔着：“猪队友猪队友。”

03

游戏很好玩，但是我和顾同学都不是那种非常能克制的人，有时候经常就会一玩一下午，直到吃晚饭才意识到天黑了。

我们想这样肯定不行，游戏本身就是为了娱乐的，如果一味沉溺游戏影响生活和工作，就本末倒置了。

于是我们进行了简单的约束：

每天必须是忙完了工作处理完所有事情才能打游戏，不能工作还没忙完就去打游戏；

打游戏的时候一定要注意时间，最晚时间不能超过凌晨两点。主要是我和顾同学经常工作结束都十一二点了，基本就是玩一把就睡。

进行了简单的约束之后，后面打游戏就比较规律了。基本上是忙完了工作休闲的时候偶尔玩一玩，不会太沉迷。

有时候我还问顾同学："呆萌，你说我们后面如果不忙这一份工作做一个优秀主播怎么样？这样的话也能经常打游戏，还能赚点钱，是不是很好？"

顾同学斜了我一眼，说道："你想什么呢？打游戏的那些主播我很多都看过，要么是技术非常厉害，比如退役的职业选手；要么是颜值声音什么的非常过关，这些人不做游戏直播都很火；或者是非常有特色的那种，你说你是哪一种？"

我想了想，还是算了，先把自己的本职工作做好再说，再说这个想法本身也是一个随意的想法。

除了吃鸡这款游戏之外，我们后面偶尔还玩玩其他的游戏，不过后面基本上是一阵一阵的。我们坚持着先工作再休闲，利用休闲时间偶尔放松的原则玩一玩。

游戏虽好，但是切莫沉迷哦！

第三章

相爱篇

时间告诉我们：
任何让你处于狂热状态丝毫无法犹豫的，
一定要谨慎，
奈何我们当时太年轻。

1

手忙脚乱地领证

前几天回老家的时候，正好高中时候关系比较要好的室友也回老家了，就想约着一起喝个下午茶，聊聊天。好几年没见，关系却依然在，中间聊天不可避免地谈到彼此的感情状态，她还是单身，而我已经是结婚好几年的中年阿姨了。

她羡慕我有归属，我羡慕她的自由飒爽。

结婚之后，每次和老朋友见面，尤其是单身的老朋友，我就觉得，我再也不是那个单身的小仙女了。婚姻是个坑，但是一直想要多一点自由时间、晚点结婚的我当时是怎么跳进去的呢？

提起这件事情，就不得不说起顾同学的心机深沉了。

01

我们的领证篇，是一场和时间赛跑的狗血篇章。

后来因为工作感情等种种缘故，我和顾同学就都在杭州定居工作。为了生活和工作方便起见，顾同学把他的户口迁移到了杭州。

毕业好几年，快要成为中年叔叔阿姨的我们，肯定要面临一个问题：买房。

毕竟，谁也不愿意一直为房东打工，也不愿意每隔几年就大件小件搬一次家，真的是费钱又劳心。

买房是一件大事情，不是一拍脑袋就可以决定的。于是，我和顾同学就商量着先看看杭州的房源，有合适的可以先摇号着，毕竟很多楼盘是万人摇号，也不一定能摇得中。

于是，抱着试一试的心态，顾同学就开始研究那一段时间杭州同时期开的楼盘。最后，顾同学终于敲定了两套比较中意的楼盘。

虽然在现在看到过成品之后，我们对房子各种吐槽。

但是在那个时候还比较一知半解的时候，对于人生的第一套房，我们还是有些许兴奋的。

我们开始了人生的第一次买房摇号经历。当时本来有两个楼盘，但是因为第一个楼盘我们开车过去的时候，找错了路口，错过了摇号的最后一天，就干脆直接去第二套楼盘那边。

虽然第二套比第一套稍微贵一点点，但是第一套是一个万人摇也不一定摇得中的那种。我们抱着这样的心理参加了第二套的摇号，主要是第一套也没办法了，只能这样安慰自己。

但是万万没想到的是，第一次参加摇号的顾同学，就摇中了，而且是第61位，这样非常靠前的位置基本上是没什么问题的。其实那么容易摇中的主要原因是那套楼盘摇号的人没那么多，后来参加过6万人摇号的大红盘的我们才意识到这个问题。

不过想着第一套刚需，也不需要多么挑剔。

接下来就面临两个选择：要么是交定金付首付开始还贷的漫漫之路，要么是放弃这个资格后面再摇其他的，但是摇其他的可能会摇不中，也有可能摇中不满意，再放弃的话就6个月之内不能再摇号了。

当时的政策是，两次摇中没买就要6个月之后再参加摇号。

于是我和顾同学在经历了慎重的商量之后，就决定先去现场看看吧，看看再说。

到了现场之后，我和顾同学很快就选了房子，交了定金。

其实交定金很大一部分原因，是被当时现场开发商的营销气氛给带动的。毕竟，一条龙的流程让你不断签字确认签字确认并且付钱，旁边主持人拿着大喇叭不断喊着：几幢几单元几零几已售，几幢已经售空！

那种氛围，逼着你不断往前走，让你一点犹豫的机会都没有，于是，卡一刷一下子就把钱付了出去，签字确认！

时间告诉我们：任何让你处于狂热状态丝毫无法犹豫的，一定要谨慎，奈何我们当时太年轻。

02

定金已经交付，那么，接下来要做什么事情？

结婚！！！

什么？？？你可能有点奇怪：结婚和房子有什么关系？

结婚和房子怎么可能没有关系呢？那可是关系非常大的。

在我和顾同学的商量之下（其实主要是有点贵），我们决定把这一套房作为我们的婚后共同财产，各自支付一半作为这一套房子的首付金额，然后后面一起还贷。

那么，接下来就面临两个问题：如果想要作为婚后共同财产，一起还贷，那么，需要做的第一件事情就是：领证。毕竟只有成为合法夫妻，我们才能一起买这一套房。

当时我们已经支付了定金，支付定金之后，是需要在一周以内办完领证、首付、贷款等手续的，不然定金就很麻烦。这是一个非常赶的时间，毕竟我的户口本还在老家，还要做一系列这么烦琐的流程。

当时是周五，我立刻给我妈打了电话，说明了情况，让我妈给我把户口本用顺丰快递寄过来。

周日户口本拿到手之后，周一我和顾同学就去拍了结婚证的照片。

周二就赶着大清早的那一趟车去附近的民政局领证结婚，领证的过程中还做了一个婚前体检。

到这里，可算是松了一口气，毕竟买房过程中最难的一关算过了。

所以当时领证完全就是为了买房做准备，没有任何浪漫可言。我本来还想着再过两年结婚的计划，也完全被打乱了。

周三就去交了首付，然后约了银行办理贷款的时间，后面去银行办了贷款。

到这里，领证＋买房这两件人生大事，就在短短几天内仓促而有秩序地办完了。

于是在后面的无数个日夜，我都在后悔：当时为什么要那么着急领证买房呢？买房一个人也可以买，为什么非要一起买，这下好了，买房买一送一，直接把自己搭了进去。

最重要的是，过了好几年之后，有一次和顾同学聊这个问题，我说："当时就是因为买房才结婚，我太傻了，居然就这么领证了。"

因为在我的计划中，是完全没有这些的，原本是计划再过两年结婚的。

当时顾同学用一个斜眼看了我一眼，然后悠悠地说道："那个时候我本来可以想办法一个人买的，但是我想了一下，还是决定两个人买。"

我愣了一下，说："就是因为可以趁机领证，是吧？"

顾同学说："是。"

我当时的心情简直无法描述，就像是顾同学挖了一个坑，说："快跳呀快跳呀。"于是，我扑通一声跳了下去。

虽然过程鸡飞狗跳，但是好歹领证这件事就这样落幕了。

03

在 18—20 岁的时候，很多人会经常想：我将来会和什么样的人相遇，会和什么样的人相爱，和他（她）相知，相恋，最后步入婚姻的殿堂呢?

高三备战高考的时候，学习压力比较大的时候，我们几个小姐妹也会互相开玩笑幻想：你以后会在什么场景下，遇见什么样的人？开启怎样的生活，成为怎样的自己？

后来慢慢长大之后，经历了很多事情之后才发现：遇见什么人并没有你想象中的那么重要，重要的是，你会成为什么样的人，并且吸引什么样的人。

你会过什么样的人生？选择什么样的道路？

遇到所谓的合适的人之后，你们怎么相处，怎么磨合，怎么交流处世，怎么共同成长，有矛盾怎么解决，有挫折怎么度过，意见不一致怎么处理，这个才是最重要的。

人的一生，婚姻不是目的，也不是归宿，而是一个过程。

更确切地说：婚姻只是你人生中的一个十字路口，在这个十字路口上，你选择哪一个方向，选择怎么走，才是最关键的。

幸福的婚姻固然重要，但更重要的是：不断努力的你，和共同努力的他，以及你们未来怎样过上越来越好的生活。

因为你们好了，婚姻自然就好了。

2

人生最重要的是有仪式感

18 岁的时候，提起婚礼，我想的是和以后不知道在哪里的他，手牵手一起步入婚姻的殿堂，那个时候是对未来生活和爱情的向往和幻想。

28 岁的时候，提起婚礼，我想的是什么时候能把婚礼这件事搞定，这件事情怎么还没结束，为什么要办婚礼？这个时候是对当下生活和柴米油盐的流程化作业。

01

已经领证快一年了，我和顾同学还没办婚礼。如果说当时领证很匆忙，就是为了买房而进行的。那么，在现在的我眼里，婚礼这件事情，就是完全为了给父母亲戚交差所完成的。

不是说我很反感这件事情，也不是说这件事情不好，怎么可能不好呢？自古以来，婚礼本身就是相爱的人在一起进行的比较重要的仪式，是很多未婚男女都比较期待的事情。

但是我这个糙汉子，可能对于仪式化的东西，天生没有那么看重。在我眼里，生活本身其实是比仪式感重要很多的，比起仪式感，我更看重我们两个人的内在。

比如说事业或者成长方面能不能一起进步，平常有没有共同话题，对待家人或者事业等重要的事情观点是否一致，在很多非常重要的事情上面，是不是可以一起合作处理。

其实最主要的原因就是，婚礼实在是太麻烦了。因为我老家在陕西，顾同学老家在云南，而我们又共同生活在杭州。按照传统的婚礼从女方出嫁到男方肯定是不现实的，只能选择两边按照当地的风俗各办一场婚礼。

我原本还想着再过两年办婚礼，但是因为领证已经快一年了，而且双方父母也都比较着急，于是在大家共同商量之下，我们决定年前办婚礼。

年前先在陕西办，有点类似于女方的出嫁。然后再去云南办，办完之后在云南过年。

02

决定之后，接下来就是仓促的行动了。

不得不说，我和顾同学都有一些马大哈的小性格，在领证、买房、办婚礼的事情上，都是有那么一丢丢仓促。

接下来的最重要的一件事情就是拍婚纱照。毕竟婚礼时间都定了，但是我们连婚纱照都没有，这十分说不过去。

于是，在杭州十二月份非常冷的时候，我和顾同学在西湖边摆 pose 拍婚纱照。

在拍婚纱照的那一天里，我无数次都在后悔：为什么不早一点选在天气暖和的时候拍婚纱照，非要时间这么赶，最后为了赶时间在大冬天拍婚纱照。

尤其是顾同学，冻得直打哆嗦，摄影师还笑着对我们说：人家新娘子光着胳膊穿着婚纱都没打哆嗦，你个死鬼居然冻得不行。

天气是真的冷，但是到了西湖之后才发现，虽然天气那么冷，但是照样有一排穿婚纱的新娘子和扛着照相机的摄影师。

在西湖拍照的时候，大冬天光着胳膊在西湖边吹着风，真的是不一样的体验，虽然美，但真的冷。几个比较年轻的过路人，一边看拍照一边笑着和我们说："新娘子真的是美丽'冻'人，冷冻的冻。"

婚纱照在杭州西湖以及周边拍摄，三套室外的，一套室内的，虽然全程都是冻着的，但是整体效果还是比较好的，我觉得穿着旗袍的我还是比较上相的。

在西湖边拍了白色的婚纱照，在旁边的森林里拍了一套森系的婚纱，在民国旧园林里拍了一套民国风格照，最后在婚纱摄影基地里拍了一套内景。

虽然非常辛苦，但是整体拍摄终于完成了，我和顾同学都长舒了一口气：一件大事终于完成了。

在我和顾同学看来，其实主要是在我看来，结婚就是打怪升级的过程，领证婚纱照婚礼酒席什么都是打小怪，你要把每一个小怪都打完才能获得奖励，最后才能彻底休息。

这也不光是打怪的过程，也是从单身到已婚的一个转变过程。

在这个过程中，无数个仪式会不断提醒你：从此你不再是一个人，你们将会是一个家庭，一个共同体，你们需要共同成长，彼此陪伴。

03

在婚礼前的一个月，我和关系比较好的一些朋友打电话或者发微信告诉他们办婚礼的事情。

我只是通知了比较近距离的一小部分人，因为很多朋友和我一样，都在外地工作，是完全没有办法过来参加的。而且我们只是在老家小小办个酒席什么的，就没有和其他的朋友说，想着后面再统一请上班的朋友们一起吃饭。

老家的婚礼和城市里面的婚礼还是不太一样的，很多是按照当地的风俗来的。

我们提前半个月订好了婚庆公司，以及办酒席的场所，把大部分该做的准备都做好了。

婚礼前一天，顾同学的父母从云南坐飞机到了陕西，我的好朋友老白还有珊珊也从杭州飞了过来，一起来参加我们的婚礼。本地的朋友都是第二天上午当天来的。

老家的婚礼一般是头一天晚上开始布置，村里的自家亲戚以及村里的其他人开始来家里忙前忙后，把一切该做的都做好，然后大家一起吃一顿便饭，安排从远处过来的亲戚休息。

第二天才是正式的仪式。

早上起来，我穿好秀禾服，等化妆师过来化好妆，然后和几个小姐妹聊聊天拍拍照什么的，其间会有很多小孩子悄悄推开门看新娘子什么样子，这个也是小时候的我最喜欢做的一件事情。

等到中午十一点的时候，我们自家的一个嬢嬢（大伯的妻子，妈妈的妯娌，有的地方也称为婶婶的）过来把我的婚鞋藏了起来，这个后面是向新郎要红包讨彩头的。

从一大清早化妆什么的等到十一点，我肚子已经饿得前胸贴后背了，真的是非常饿。我就悄悄让老白问我妈妈有没有吃的，让我垫垫肚子。

这个时候，我弟弟端了两碗喜面过来，让我和顾同学一人吃了一碗喜面。然后顾同学给我弟弟包了一个 666 元的红包，这在我们这边也是一个仪式。

新娘出嫁的当天，会由自家的弟弟（或者是堂弟）端过来两碗喜面，讨个彩头。

04

差不多十一点半的时候，我们就要准备出门了。

这个时候我们这边鞭炮一响，顾同学要背我出门，但是这个时候会发现找不到鞋子，鞋子之前已经被那个嬢嬢提前藏了起来。于是又去厨房找人拿鞋子，同样地，要给红包添彩头。

嫁闺女或者娶媳妇，我们这边会有很多仪式和流程，很多都是自家亲戚或者村里面的人要红包讨彩头的。

正式出门的时候，才是重中之重。

这个时候，顾同学要把我抱到婚车里，这个时候你会发现婚车前后都会有一些碟子或者碗，在四个车轮前后。

与此同时，四个车轮也会被十几条红线都拴着，根本无法启动。同时，整个村子你要出门的那一条必经之路，也被很多婶婶或者小孩用红线拦着。

这个也是村里结婚或者是嫁女儿时候的一种习俗，一般是村里的婶婶们或者其他人拴红线或者放碗碟等拦着婚车讨彩头。

一般是发红包或者是给喜糖，这是一直都有的一个习俗，一般这个时候就需要家里的一些长辈或者管事的人，去和他们商量给多少钱，怎么把这个拿掉。

因为提前就预料到了这一点，所以我们都提前准备好了红包，等长辈和他们商量好之后，然后老白和我弟弟就给他们发红包，让他们把红线撤掉。

这也是一个比较喜庆的环节，但因为老白是外地的，我弟弟也比较害羞，所以中间就被一些婶婶用一根红线要了好几次红包。

到了这里，终于可以出门了。

05

接下来，前面带路的车，婚车，以及中间各种亲戚的车，就一起开去酒店。

一般其实是去男方家里，因为我们两家比较远，是两边都办一次婚宴，所以就选择了去酒店。

这个时候，我们老家这里的人还是比较体贴的，大家都会先看着亲戚或者是我远方过来的同学或者朋友，大家会看着先把这些陌生的面孔安排到车上之后，让他们先走，然后村里面的人后面再过来。

到酒店的事情就比较简单了，就是司仪主持的婚庆：长辈讲话、敬酒、吃酒席。

中间我们敬酒以及大家吃酒席的时候，顾同学的妈妈还在台上给大家唱自己编的歌曲：党家有个女子呀，李家有个小子呀……现场的气氛一度非常火热。

到这里，整个婚礼基本进行得差不多了。

我们这边是中午十二点左右吃酒席，吃完之后，远方的亲戚以及村里人就会回自己家，也有一些帮忙的会留在家里帮衬把后面的收尾工作做好。

因为我们有几个朋友是从西安过来的，过来也要一两个小时，有一个下午还要上课，于是大家吃完饭聊聊天之后就回了西安。

就这样，我们的婚礼——陕西篇就落下了帷幕。

一个礼拜之后，我们在云南顾同学他们家里也举办了一场婚礼，不过顾同学家里的风俗比较简单，主要是请村里的亲戚或者是邻居过来吃个饭，没有那么烦琐的流程，我们也可以多休息一下。

恋爱三周年，婚礼一礼拜。

从此，我和顾同学就不再是单纯的你和我，而是我们，以及我们的父母。

3

爱情VS婚姻

01

前一段时间我和顾杲萌去领证了，领完证之后我很快就在公众号向大家汇报交作业了，感谢很多读者一同见证了这段感情。

我之前一直觉得，这只是领个证而已嘛，反正都在一起很久了，领证就是个形式而已。所以也没给很多好朋友专门说，因为我自己本身也不把这件事当成一个很重要的事情，也没觉得这是人生的一个很重要的日子。

反而觉得婚姻登记处让我很头大，大清早就抽了我一管子血（因为要做婚检），虽然他们真的很认真负责，但是我情绪上依然很焦躁。我觉得本来三五分钟就可以搞定的事情，为什么要这么复杂，因为我后面还有一些工作上的事情要处理。

我并不是说我把结婚这件事多不当回事，而是我觉得这就是一件很平常的事情，只是一个形式。即使领证了，我的生活并不会发生多大的变化。

但是，我很快就被打脸了。

02

对于大多数人而言，结婚和单身还是有一定区别的，尤其是对女孩子而言。

恋爱的时候呢，我平常的生活就是：平常运营两三个自己的公众号，接接广告，写写稿子，开开课程。虽然收入不如上班那么稳定，但是时间也会更加自由一些。而且我支出也不大，我不喜欢逛淘宝，也不怎么买衣服包包，就是偶尔出去旅游玩玩花点钱。

除去房租还有自己的社保，以及一些必要的支出，其实还能存下一些钱。毕竟我在钱这方面还是有点执念的。以前我可是为了赚稿费，一个月写过二三十篇稿子的人，那个时候还专门做了一个 Excel 表格算自己每个月赚了多少稿费。

生活中做一些事情虽然会考虑对方，但是其实彼此影响并不那么大。就跟上面说的，我觉得领证就是一件很平常的事情，对我的生活并不会有多大的改变。但是，最近这几天的一些事情，还是让我觉得生活开始有了一些不一样的变化，而且是往我不愿意的方向发展。

妈妈开始跟我说："既然你们都领证了，那你们抽空回来把酒席办一下呗。男方那边我不管，最起码在家里这边办一下，我就算把你打发出去了。"我说："什么？你这是亲妈吗？有这么着急把我往外赶的吗？"

朋友开始跟我说："结婚啦，早生贵子。我这边还有一些小孩的衣服，你给个地址寄给你呗。"

这边在群里刚说完，那边就开始接：我这边有哪里哪里的奶粉，你给个地址我给你寄过去……我还有小孩的推车，婴儿的什么吧啦吧啦的还是新的，我给你寄过去。

天啊，我本来觉得我还是个 18 岁的宝宝，怎么忽然间就到生小孩这件事了。而且生小孩还要考虑到怀孕期间的各种准备和要做的事情，包括婴儿以后的培养和教育，还有各种支出。

不论是从经济能力还是思想教育上，我觉得我目前还没办法去接受生小孩这件事。

吓得我赶紧关闭了群消息，退出微信然后看看小说压压惊。

然后再过两天，顾呆萌就过来问我：獭獭啊，我们要租婚纱还是要买婚纱啊，租婚纱是怎样的，买婚纱又是怎样的。我还没来得及考虑，顾呆萌又过来问我：獭獭，我今天去看了一下钻戒，又吧啦吧啦跟我说了一大堆。

顾呆萌后面说了什么我不太清楚，反正我也不怎么听得懂。我只意识到：唉，又要花钱了。

作为一个资深的小财迷，我默默地看了一下我的银行存款，又暗戳戳地想了一下杭州的房价。开始在心里默默嘀咕：这些东西，目前对我而言，价值并不是那么大，能给我带来的愉悦度和成就感也没什么，还要花那么多的钱。这钱放在杭州的房价上，还能买个四五平方米的房子呢，四舍五入就可以付一小间的首付了。

所以果断拒绝了顾呆萌的要求。

03

这些事情看起来都是小事，但是潜移默化中，还是给我带来了一些不一样的变化。

我开始思考：我快 30 岁了吧，以前 18 岁的我都会管 30 岁的小姐姐叫阿姨呢，我也算是个新晋的阿姨了。30 岁的我要做什么呢?

领了证之后就该拍婚纱照、办酒席，然后后面就准备要小孩，小孩出生之前要养胎，小孩出生以后要照顾小孩，还要教育小孩，还要考虑小孩的落户以及后面的教育问题，甚至都想到万一以后的崽是个不听话很叛逆的要怎么搞，我总不能一气之下把他塞回肚子里吧。

还有我是要自己照顾他呢，还是请个保姆。请保姆不放心，自己照顾我觉得依我分分钟爆炸的脾气，还不知道谁照顾谁呢。

天啊，结婚真的是一件特别可怕和恐怖的事情。我终于明白，为什么现在那么多优秀的女孩子选择不婚了。自己一个人赚钱养自己，过得开心独立又自由，是钱不好赚还是世界不好玩要结婚给自己不痛快?

而且我前面考虑的，都牵扯到一个字：钱。虽然很俗，但是很现实。

就算我和顾呆萌这两年辛苦工作加运营公众号等吧啦吧啦的各种努力，但是在这些事情上，我还是感觉到了一点恐惧。我感觉这些事情不仅会把我的生活质量严重降低，还会直接打乱我以后的人生安排。

这些事情堆积在一起之后，就让我开始焦虑。开始为以后的生活担忧，并且很好地把这种焦虑转移到了顾呆萌身上。

04

晚上十二点了，顾呆萌还在打游戏，我就气不打一处来，然后把他凶了一顿，虽然我自己也在看小说。

我们目前住在一个 loft 里面，我自己在打扫房间还有做家务方面是不太擅长的，看到家里乱兮兮的没人收拾，又把顾呆萌凶了一顿。

最近要续租房合同了，要交一个季度的房租，还要准备还房贷，看到存款数额哗啦啦地往下降，我又把顾呆萌凶了一顿。

你看，我很成功地把自己的焦虑和对未来的担忧以指责的形式转移到了他身上。

顾呆萌内心一阵蒙：我每天认真写稿，认真经营公众号，最近还在做新的工作，平常还帮你处理一堆杂七杂八的事情。就偶尔打打游戏，还输得一塌糊涂，还要被老婆凶。

其实他并没有做错什么，但是一个人和两个人的生活还是有区别的。我们要为以后做打算，并且一个人和一个家庭的抗风险能力是完全不同的，要准备的东西是不同的。

30 岁之前，很多人基本上都是一个人，或者是恋爱并没有结婚，不用考虑上有老下有小，房租房贷小孩教育等乱七八糟的事情，虽然加班有点辛苦，但是过得还算独立且自由。

30 岁之后，要承担的责任比之前一个人的时候多很多，并且你要开始为以后做准备。这也是很多人职业的一个转折点，如果你 30 岁之后薪资还是刚毕业时的四五千，这真是一件挺可怕的事情。

生活上的压力以及随着年龄增长所增加的责任，会很容易地将生活的负担和未来的希望转移到另一半身上，希望他更优秀一点，希望他更厉害一点，希望他能帮自己减轻一点负担，希望他能成为自己未来的依靠。

但是现实生活已经这么累了，多少人连自己都照顾不好，又怎么成为另一半的希望呢？于是开始不满，继而指责，然后失望，然后是无尽的争吵。盲目地将希望寄托于另一方身上，这是爱情死去的第一步。

过了好几天我才开始走出怪圈，有那么一瞬间，我看着镜子里的自己，我跟自己说：你怎么变成这个样子了，你以前不是这样的，你不会把希望寄托于别人身上，你也不会把另一半当成你的救命稻草。你以前的处境比现在泥泞百倍，你都在认真努力地生活，怎么现在就放弃自己了呢？

与其把希望寄托在别人身上，还不如想尽办法去提升自己的能力。人生漫漫，没有谁是谁的救命稻草，你多提升一份能力，匹配你的人生就会多一分自由。

05

但是很多人可能就过不了这个坎，开始劝自己：日子还是要过的呀，毕竟这个人是你选的。对于很多人而言，这是要互相陪伴一生的人。

日子一天又一天，同一个屋檐下甚至连上厕所都不再互相避讳了。当时恋爱时你看对方身上亮晶晶的闪光点已经被生活磨得渣都不剩了，帅气阳光的他在你心里可能已经变成了徒有其表，踏实认真的他也变成了死板不懂变通，细心仔细也变成了就只会做点这些事。

同样地，女孩子的认真乖巧变成了没有一点意思，当时你喜欢的素面朝天被身边其他人的精致妆容给比下去，居家懂事也被认为是应当的技能。

彼此的优点被生活一点点磨光，反而经过七八年的日日相处，双方的缺点被放大到闭着眼睛都能背出来。

他就知道打游戏，她就知道买买买；他怎么一点都不讨老板喜欢，她怎么天天都是那一副鬼样子；他今天怎么加班又这么晚，她最近怎么又开始叨叨叨。

以前吸引你的地方渐渐被那些放大的缺点所掩盖，你们之间，剩下的除了厌倦，就是责任。甚至除了必要的沟通，彼此之间话都不想说。

不懂得珍惜彼此和包容对方，不愿意再去沟通和谅解彼此，也没有培养共同的兴趣，也没有共同语言。这是爱情死去的第二步。

06

再后来，你们不再珍惜彼此，也不把对方当一回事。反正这么多年都过来了，虽然没什么心惊肉跳的大事，但是也没什么让你们彼此厌弃的事情。

虽然爱情的裂缝一点点在变大，但是你们仿佛谁都没有感觉到。当然你们也不愿意面对甚至是刻意忽略这件事。反正大家不都是这么过来的嘛，你安慰自己。

你们之间好像只剩下了责任，至于年轻时候的信誓旦旦，对于彼此的承诺，都被遗忘在记忆的枷锁里。

后来，有了出轨，其实也不算出轨，你们也没做什么，就是微信上多聊了几句，出去多玩了几次而已。你看，你还是很有责任心的。虽然隐隐感觉哪里有点不对，但是你却不想改变。

忽视犯错成本，撒谎隐瞒甚至对自己都不负责，这个是爱情死去的最后一步。

后来，你们可能是离婚了，也可能还在一起，毕竟孩子需要一个完整的家。但是那不重要了，那个18岁看到对方眼睛都闪光的你，终于被遗忘在了记忆深处。

后来你开始教育小孩：高中别谈恋爱，爱情什么的都是骗人的。你看我不都是这么过来的。

其实，并不是爱情死在了30岁。而是你在30岁的时候，就放弃了自己。

真的，想要幸福，一定要做一个永远都不断提升自己的人，做一个永远都向往独立自由的人。

4

新的“家庭成员”

01

我们小区有非常多的人在养狗和猫。朋友家的拉布拉多生了一窝小崽子，在朋友的不断怂恿之下，再加上我有一颗蠢蠢欲动想做铲屎官的心，终于，我和顾同学决定，给我们的小家添置一个新的家庭成员。

为什么忽然做出养狗这个决定呢？一个是每天去老白他们家逗他们的柯基和哈士奇，看着两只萌嘟嘟的小狗每天围着自己摇尾巴，摸一摸它们的头，简直不要太舒服。

我从小就喜欢养狗，奈何身边的大人都不是很喜欢养狗，这正好实现了自己养一只狗的小愿望。

另外一个是，我觉得可以为以后的养小孩计划提前做准备。很多夫妻结婚尤其是有了小孩之后，都会因为家务的分工，以及小孩照顾的分工进行或大或小的争吵。

尤其是新手妈妈，可能不但要面临照顾孩子的压力，还要承担做家务的工作。如果生小孩之后是这样的生活，那我觉得是有点艰难的。

所以我就想着，其实照顾宠物的过程就像是照顾初级版本小朋友的过程，一方面是我们可以通过养狗这件事来逐步培养照顾一个小生命的责任感；一方面是我们平时的工作压力也很大，在杭州认识的朋友也没有几个，与其说是我们照顾狗子，不如说是我们需要一个狗子的陪伴。

我们，想和它一起成长。

02

第一次见元宝的时候，元宝还是小小的一只，整个身子加起来，大约就只有大人的两只巴掌加起来那么大。小小的一团，缩在人的怀里，白白的一只，睁着睡眼惺忪的眼睛看着我们，那个模样，简直是萌化了。

我们小区里面其他铲屎官，看见它都走不动道了，一个一个地都想要抱抱它。和它熟悉之后，我们就把它抱回了家，也就是它的新家，并且取名元宝。

别看元宝个头小，但是闹起事来的本事可一点都不能小看。

回到家的第一件“礼物”，就是在沙发上撒了一泡黄黄的尿，当时顾同学的脸就黑了，然后对着我说：“快让它下去，别让它碰我的沙发。”

但是事与愿违，不论是小时候还是长大了，元宝最喜欢待的地方就是沙发。睡沙发，啃沙发，拆沙发，无所不能。

抱回家的时候，它才一个月，刚离开狗妈妈身边，对周围的一切都不熟悉。白天的时候还好，有我们以及新鲜的玩具，晚上不知道是因为陌生还是兴奋，就一个劲地汪汪叫。

还好，因为是小狗，声音不是很大，不然我们都担心邻居投诉。在没有办法的情况下，就只能把它的笼子搬到我们的楼上卧室，让它在我们旁边睡，想着可以看到我们，会不会心安一点。

事实证明，这种做法虽然有用，但是时效性太短。元宝不一会儿就在笼子里汪汪地叫，顾同学最后被吵得没办法，只能自己把它再次抱下去，然后把它哄睡着了，我们才继续睡。

一个月大的元宝虽然调皮，但是杀伤力有限，总体还是非常可爱的。它扑腾着自己的小短腿想上沙发，但是上不去。一个小小的篮球，都比它蹦起来的总身高长，围着一个篮球可以自己玩一天。

小时候的元宝，一副萌嘟嘟的样子，人见人爱。

03

逐渐地，元宝长大了。元宝是一只拉布拉多犬，是算在大型犬里面的，所以体形会越来越大。四五个月的元宝的体形几乎已经是两个月时的两倍了。

我们给它打了狂犬疫苗和其他的疫苗之后，它就可以出门和其他的狗狗朋友们玩了。

这个时候的元宝，被称为小区里面最顽皮的一只狗，人见人怕，狗见狗躲。

它只要看见狗，不管是和它体形差不多的小狗，还是体形是它几倍的阿拉斯加或者大金毛，第一件事就是先冲上去，往人家身上扑。

什么？够不到？那我就跳着跳着蹦，我就不信我够不到它们。

这个时候我万分庆幸我当时选的是一只小母狗，因为小区里面公狗比较多，大多数公狗对于母狗的宽容度是比较大的。如果是一只这么调皮的小公狗的话，我都不敢想象。

元宝的精力非常旺盛，它可以连续和四五个狗子玩两三个小时，第一个狗子玩累了，走，咱们换下一个狗子。下一个狗子玩累了，咱们再换一只。

最长的一次是前后一共和七只狗子玩耍，时长在两个小时到三个小时之间。

当时小区的狗友们看到之后都说，等到它再长大一点，就可以去买一个旧轮胎，让它拖着旧轮胎去消耗体力。

元宝特别调皮，而且不认生。但凡是小区里面不嫌弃它的狗子，它都可以和别人玩。别人为什么嫌弃它呢，因为它真的是太闹腾了。

晚上八点左右的时候，狗友们会拉着自己家的狗，在小区的一个小花园里面，大家牵着自己的狗，互相聊聊天逗逗狗，气氛一片和谐。

就在这个时候，元宝呼哧一下就冲了出去，把这只狗逗一下，把另一只狗骑一下，顺带尾巴还扫着另一只狗，正在排排坐的狗子收到元宝的邀请之后，也立马冲出来，和元宝玩。

于是，原本和谐的气氛，一片鸡飞狗跳。

04

有一天，元宝认识了一个新的朋友，叫吉祥，比它体形大一点，也不嫌弃它的过分活跃，两只狗玩得很好。

于是，过分热情的元宝，当天和新朋友吉祥玩了一个多小时。最后，直到吉祥已经躺在地上实在是玩不动了，吉祥的主人才把吉祥拉了回去，元宝也依依不舍地回家了。

我觉得元宝走的时候心里可能这么想：咋这么不经玩呢，还没玩一会儿就不行了？算了，勉强看你还行的分上，以后就你了。

好不容易遇到一只不嫌弃我们元宝还玩得不错的狗子，我们当然要保持良好的关系呀。于是，我们约了第二天一起去小花园遛狗。

第二天晚上八点的时候，我们一起到了小花园，元宝大老远就看见了吉祥，兴冲冲地拽着绳子要往前跑。

而吉祥，最开始没有发现是元宝，只是看到了一只可以玩的狗，也冲着往前走。

它们很快就要相遇了。在距离还有一米的时候，吉祥认出了元宝，立马头也不回，扭头就跑。

本来是两只互相奔赴的狗，但是在相遇认出了彼此之后，一只撒腿就往回跑，只愿自己没出来过。

这个情景，当时就把我和吉祥的主人逗笑了。

我们都猜想，吉祥当时的心理是：妈呀，这又是昨天那只狗，不行，这只狗太可怕了，太能玩了，快跑，我就当没认出来。妈妈呀，快回家。

没办法，好好一场约会就这么宣布失败。我们就只能和吉祥的主人说再见，各自遛狗，顺便帮元宝寻找下一个“猎物”。

元宝快到一岁的时候，真的是狗都嫌。

在小区里是出了名的调皮，当然，拆家的名称也是出了名的。

磨牙把板凳腿磨了一圈痕迹，这都是小操作；

木头的楼梯角被咬成圆形了，这个也不上场面；

把关自己的围栏的铁丝掰断，这个我的心理也能承受；

至于拆沙发，沙发拆了修就是了。

这些都是小场面，真的，不算什么。

忽然有一天，我发现围着元宝围栏的那一面墙，有点不太对劲。走近一看，我才发现，上面有很多条爪子的划痕，更严重的是，有一些地方居然被挖出了小洞。

别人是凿壁借光，你是想要挖墙磨爪子呀。

忍无可忍之下，我们把元宝当着现场揍了一顿，然后把它送到宠物店之后，我们拿着修墙的工具，开始补墙修墙。

很多朋友听到之后就和我们说："拉布拉多小时候比较调皮，再忍忍，两岁之后会还你一个天使。"我们也告诉自己：还有一年，元宝就长大了，不会是小恶魔了。

05

元宝虽然调皮，但是在我们的教育之下，其他地方还是非常可爱的。

它会一些简单的坐下趴下握手等动作，会帮我们拿快递，十分爱干净，很少在家里上厕所，除非憋不住。

当然，你要问有没有憋不住的情况呢，这个顾同学可能就要甩你一双大白眼了。

在元宝的照顾上，我们的分工一般是很明确的，顾同学负责养，我负责逗。开玩笑的，其实我们平常大部分时间是一起遛狗，一起照顾。当然，在一些特殊的情况下，一些重任会交给顾同学。

有一次我们出门去办事，回来稍微迟了一些。一般八点回来，当天我们忙到十点才回来。而且那天，可能元宝吃了什么不太干净的东西，肠胃有点不太好。

于是，在我们十点回家的时候，推门的一瞬间，就从屋里传来一种奇怪的味道。我当时还纳闷：什么味道，家里是干什么了？

然后听到元宝汪汪汪扒着围栏急切的叫声，顾同学意识到大事不妙："糟了，它不会是拉在家里了吧。"

于是，我和顾同学赶紧去处理。只见整个围栏都是屎黄色的一片，被它不知道是用爪子还是哪里，已经涂了黄黄的一层。它还睁着自己亮晶晶的大眼睛，一副无辜的样子看着我们。

实在接受不了那种味，我和顾同学说："它太脏了，我直接把它送到楼下宠物店去洗澡，你来收拾家里吧。"

顾同学也说行。

于是我们准备把它从围栏里放出来，这个时候，只见它迈着自己优雅的脚步，踮着脚尖，整个身子紧紧贴着围栏，小心翼翼地寻找着干净的没有被黄色污染过的空地，一步一步小脚步迈了出来。

出围栏的那一瞬间，它自己仿佛都松了一口气。

我和顾同学当时就气笑了：你还爱干净了是吧？你这么爱干净，乱拉稀的时候你怎么不爱干净。

但是转念一想：它也是吃坏肚子了，也不是有意的。于是赶紧进行后续的清理工作。

清理完之后，顾同学赶紧去给自己洗了个澡，说："以后可别让它乱吃东西了，这种事情我可不想发生第二次了。”

元宝真的是一只非常爱干净的狗，它和其他狗子出去玩，看到外面有还在浇花园的漏水的管道，立马和自己的两个新朋友撒欢式地去玩，在地上尽情地打滚，一副非常享受的样子。

等我们抓到的时候，白狗已经变成了黑狗。

但是当时已经是晚上十点了，无法再去宠物店给它洗澡，我们想着先关着，第二天早上再送过去洗澡。

结果，第二天早上，发现：咦？它居然自己干净了？可能是自己也觉得脏兮兮的，晚上自己舔干净或者是等风干之后，一个抖擞自己抖干净的。

总之，又是一只干干净净的元宝了。

元宝现在还差两个月两岁，在我和顾同学共同抚养元宝的这两年里，有过被它气得懊恼的时候，也有过被它逗得哈哈大笑的时候，我们终于等到了我们的小天使。

元宝也见证了我们吵架、和好等的感情历程，也是我们家庭的一分子。

人生很短，在我和顾同学一起成长的路上，我们也很荣幸能带着这只小天使，共同成长和努力。

5

和你一起回家过年

今年我和顾同学一起在陕西老家过年，由于我和顾同学老家距离比较远，一个在陕西，一个在云南，相隔一两千公里。每年过年实在是无法像其他人一样，除夕和大年初一在婆家，初二回娘家。

每个人都是爸妈的子女，每个人都想过年陪父母一起。

为了不让双方父母和我们两个都委屈，于是我和顾同学约定：一般情况下，我们每年两家轮流过年，去年在顾同学老家云南过年，今年就在我的老家陕西过年。如果有特殊计划，我们也可以在某一年春节提前安排好行程，带两家父母旅行过年，这也是一个不错的选择。

去年是在顾同学家过年，那么，今年我和顾同学就提前去了云南他们老家，然后春节在陕西度过，顾同学的哥哥今年在云南那边陪顾同学爸妈过年。

婚姻本是为了奔向幸福而去，如果有可能，尽量都给大家减少一点委屈和分离。

01

因为疫情的原因，我们提前半个月回到了陕西老家，避开了春运的高峰期，并且回家做了两次核酸检测，居家隔离了14天，这才正式步入安全范围。

隔离结束的第二天，我们就带爸妈去城里吃了一顿火锅，爸妈和我们吃得都非常开心，结束之后，我们几个还吃了火锅店的一大盘橙子。

第三天，带爸妈去吃了当地的农家乐。

过了两天吃吃喝喝的日子之后，我们就开始置办年货。

我和顾同学开车在镇上跑了好几趟，有一些则是在网上都提前买好了，置办了满满当当的年货。今年由于在家里待的时间比较久，我和顾同学在杭州还没摇到车牌号也没买车，但是过年回家一家人都在家，没有车出行实在是不方便。

于是我和顾同学专门跑到西安租了一辆月租的共享汽车，我们挑了最便宜的一款，一个月 999 元，保险 300 元，扣去 100 元的优惠券，一个月 1200 元。

然后我和顾同学就开着专属我们一个月的小车，开心地回家了。

和我预料的一样，回家之后很多亲戚都问我们在哪里租的车，多少钱，听说一个月只要 1200 块钱的时候，都直呼便宜，太划算了。

主要是过年有车真的比较方便，5 个人骑着两辆电动车拜年还下雨的日子，实在是太惨了。

02

除夕那天，爸妈和弟弟早早就贴好了对联，把家里收拾得喜喜庆庆。

我和顾同学则处理着新买的一大堆菜，和妈妈一起在厨房准备年夜饭。

妈妈按照她的老规矩，包了两小笼的饺子。北方的朋友都知道，北方很多重大节日的必备饭菜就是饺子！

冬至吃什么？饺子！

除夕吃什么？饺子！

元宵节吃什么？饺子！

家里来客人吃什么？饺子！

在北方人的眼里，饺子是非常受礼遇的，能给客人下一锅热乎的饺子，那是北方人真的把你放在心里，想给你最高的礼遇。

我上小学的时候，那个时候代课老师吃饭是要到附近村民家轮流吃饭的。我的小学老师来我们家吃饭，我妈妈当时就给他们下了一大锅饺子，老师们记忆非常深刻，以至于我上学的时候，老师们都说：我记得你，你就是那个你妈妈下了一大锅饺子的同学，来来来，这道题我们好好说道说道。

舅舅家的表弟很久没来我们家了，准备来我们家还提前给我打招呼："记得让姑给我做点好吃的！"

我说："没问题！明天专门给你包饺子！"

表弟笑着说："好嘞，明天准时到！"

03

过年肯定是要吃饺子的，我们也帮衬着妈妈包了一些饺子。

除了饺子之外，我和顾同学也准备了一些我们经常做的菜，多一点种类，这样年夜饭就会更加有意思。

我准备了我想吃的红烧茄子，以及一份拔丝红薯、一份可乐鸡翅。拔丝红薯还不错，可乐鸡翅后面让顾同学盯着火，稍微有一点小焦，但是红烧茄子没有把握好量，有点多，还凑合吧。

顾同学则准备了自己比较拿手的，一道辣子鸡丁，一道醋溜白菜。

我们家的人吃肉会稍微少一点，而且主要是我们都不太会处理鸡和鱼，所以就没有鸡和鱼，加了一些牛肉和凉菜，一大桌年夜饭就搞定了。

虽然只有五个人，但是年夜饭也满满当当十来道菜。

晚上一家人心满意足地吃完年夜饭之后，爸妈出门串门去了，顾同学和弟弟在打游戏，我看了一会儿春晚之后就开始继续忙我的工作。

晚上临睡之前，我看着白天在抖音上看到的东西，还和爸妈弟弟和顾同学说："明天是大年初一，我们尽量不要争吵、不要扫地、不要喊人起床、不要洗衣服，稍微注意一下，这样明年一年都会是一个好年。"

晚上睡觉前，我和顾同学都给弟弟发了一个大大的红包，这样他第二天早上醒来就可以看到。

我还和顾同学说："哎，以前我怎么没有比较有钱的哥哥姐姐，都没有人给我发大红包，都是我爸妈每年象征性地给我们发一点红包。"

顾同学看着我说："我也没有大红包。好好赚钱，以后给我们的小孩发大红包。"

两个人在爆竹声中互道了新年快乐之后就睡了。

04

第二天是大年初一，迎接我们的依然是村里此起彼伏的噼里啪啦的鞭炮声，早上我们穿着妈妈给我们买的新鞋子，洗漱之后，吃了饺子和年夜饭多出来的一些菜。

爸爸和弟弟出门去各个爷爷叔伯家拜年，我今年算出门的姑娘，不用去拜年，于是在家里准备好糖果瓜子，等其他的叔伯或者弟弟妹妹过来拜年。

一阵热闹之后，大人们在旁边抽着烟打着牌，小孩们则发现了今年的新玩具：狗狗元宝同学。

尤其是发现元宝不咬人也不凶甚至被我还戴上了狗嘴罩之后，小孩子们更加肆无忌惮。摸头的摸头，摸屁股的摸屁股，有一个两岁的小弟弟，想和元宝玩但是又不敢和元宝玩，于是悄咪咪在后面用自己的手轻轻摸了摸元宝的尾巴，摸完之后不上瘾又摸了摸。

六七岁的孩子真的是玩性非常大，在和元宝玩熟了之后，闹着要带元宝出门遛狗。我有点不太放心，虽然知道元宝脾气好，但是也怕不小心或者什么意外让元宝伤着了小孩或者鞭炮吓到了元宝。于是让他们带着，我在后面陪同着，带他们出门遛了一圈。

回来歇息了不到十分钟，小孩子又要吵着再次遛狗，我又陪着他们走了一圈。

第二圈回来的时候，元宝有点累，大喘气之后喝了很多水，趴在自己的围栏里休息。

半个小时之后，小朋友又要带元宝去遛狗，我已经陪不动了，于是让弟弟陪着他们去。

那一天，元宝来回被遛了七八次，平常非常活跃的它，躺在地上死活不愿意动了。

我和顾同学说："果然，治精力旺盛的狗子和小孩的最好方式，就是让他们互相去折磨。"

中午的时候，我带着顾同学去围观村里面的敲锣打鼓，村里面这几年每年春节都会有一些敲锣打鼓的表演，我们一起去观赏了热火朝天的敲锣打鼓，感受了一把锣鼓喧天的年味。

回来之后，顾同学约着自己的老同学打游戏，我则在旁边看小说。

正月初二，我们按照惯例要去舅舅家拜年。

我们一家人带着礼物开车去舅舅家，顾同学作为第一年去的女婿，按照习俗，还收到了两个大红包。

在舅舅家，我们和很多一起拜年的姨、姨夫、哥哥姐姐、弟弟妹妹等，进行了一些寒暄问候，很多人在外地工作，一年才见一次。

对彼此的工作或者生活进行了简单的询问，其间大家最感兴趣的就是顾同学老家在云南哪里，他们家都有哪些人，平常过年都做什么，能不能吃习惯我们这里的饭菜。

顾同学作为今年的新女婿，受到了大家的一致注目和问候。

正月初三，姑姑等一些亲戚到我们家来，然后大家吃吃饭打打麻将聊聊天，又是愉快的一天。

过年期间基本上比较放松，很多工作也处于停滞状态。

晚上的时候，我把当天的一些事情处理了一下，以及对后面的工作做了一些简单的准备。顾同学则在忙完了日常工作之后，开心地玩起了游戏。

今年是我们正式在老家过的第一个年，之前虽然已经在一起过了好几次年，但是今年毕竟身份不一样。

我和顾同学都尽量想着，让我们的年更有年味一点，更有意义一点。让双方父母都更开心，对我们也都放心一些。

新的一年，我们更加努力、平安、喜乐、顺遂。

6

构建我们新的小窝

看着乱糟糟的房间，满地的锅碗瓢盆，以及打包在一起的春夏秋冬的衣服，还有从来都找不到，一搬家就不知道从哪里冒出来的小零碎玩意儿，我的心里产生了一种十分倦怠的感觉。

出门在外打拼的人，平常看起来光鲜亮丽，貌似早已融入了这个城市，但是一搬家，就暴露出了生活原本的狼狈样。

讨厌搬家，讨厌要将所有东西打包好之后再拆开的麻烦感。

讨厌搬家，讨厌已经熟悉这里的饭馆、水果店、外卖店和菜市场，去另一个地方又要重新认识的感觉。

这是我毕业之后的第4次搬家，从2015年6月到现在，两年半时间，2种职业，3座城市，4份工作，看着自己的这份“履历”，不知道是应该开心还是应该失落。

但是回想起自己的四次搬家经历，还是感触颇深，这四次搬家见证了我人生中最重要的四次转折，也是和顾同学感情的见证。

01

第一次搬家

时间：2016年10月

薪资：2700—6000+

转行：人生的另一种可能性

状态：单身

第一次搬家是在2016年10月，是我刚毕业一年多的时候，也是杭州G20峰会结束没多久的时候。

那个时候我在绍兴工作，职务是在一家上市公司朝九晚五的财务。其实，那个时候我已经接触新媒体、微信公众号将近半年了，有了一点小小的成绩，也签了自己的第一本书。

虽然只是利用下班的时间写作和运营平台，但是半年时间，我在新媒体这块领域也有了自己的一点点成绩和微薄的收入，而且我自己对于财务朝九晚五的工作已经厌倦，对于当时比较低的薪资也有点不满，想去试试人生的另一种可能性。

最重要的是，我当时挺喜欢新媒体的，而且在公众号和写文章方面也有了一点点小的经验和成绩，于是就“大胆”地利用 G20 峰会放假的时间去上海一家新媒体公司面试了。

面试成功之后就开始准备离职手续、交接工作、搬家。

那是我人生中的第一次搬家，从绍兴到杭州，从公司免费提供、不要水电费的有落地窗的大房间到上海这个寸土寸金的地方。

真怀念那个时候免费的大房间，后面的经历告诉我：一家公司要是愿意给你免费提供住宿，还是单人落地窗大房间，那就赶紧偷着乐吧。

当时收拾好行李之后，我还特别有仪式感地拍了一张照，发了朋友圈。

那是第一次搬家，从绍兴搬往上海，从一个业余的小作者搬往一个被认可的“新媒体编辑”岗位，从以前小打小闹的业余爱好，搬往一个专业的群体。

那个时候和顾同学刚开始认识，所谓的点头之交，当时顾同学还比较惊讶我一个人去上海面试和转行，还十分钦佩我敢于抛弃一切重新开始的勇气。

这次搬家还有一个小插曲，很多老读者都知道：那个时候是在绍兴把东西打包好之后用快递全部寄往上海，在寄的过程中，头脑一发热就把自己的身份证也塞进包里送了出去，等到要坐车的时候才发现找不到身份证了，于是赶紧冒着小雨去快递点把行李箱翻了出来，找到了自己的身份证。

趁年轻的时候，趁机会成本最小的时候，趁早尝试生命的多样性，尝试生活的另一种可能性。

02

第二次搬家

时间：2017 年 4 月

薪资：不变

状态：从合居到独处

状态：单身

到上海工作之后，一切都很顺利，陌生而新鲜的事物，以及新的社交人群。上海的房租很贵，寸土寸金，公司的成员多是刚毕业不久的比较年轻的同事，虽然年轻，但是做事情很靠谱，由于我在同事年纪中排名“第二老”，被“95 后”的小鲜肉秒杀成渣。

公司体恤大家，所以给大家提供了一套三室一厅的房子作为宿舍，每个人每个月只用缴纳1000元的房租就可以了，水电自己缴费。放在现在的房价和房租水平上，公司的这一决定确实十分人道。

我们5个女生住在公司的宿舍里面，白天的时候一起挤地铁上班，晚上的时候挤地铁回家，一起加班，一起熬夜。

群居有群居的好处，但是也有群居的弊端。

一群人一起住在上海这个很“残酷”的地方，有一个很明显的好处就是不会感觉特别孤单和无助，而且周边都是一起上班和住宿的小伙伴，有时候虽然生活和工作压力很大，但有那么一点“陪伴”的意味。

有时候周末没事的话，一群人一起煮火锅或者包饺子吃，偶尔再邀请两个朋友过来，可以在客厅里玩狼人杀。

一群人在一起有很多快乐和温馨的时刻，但是也有很多弊端。

毕竟我是一个“伪文艺青年”，以写字为生，所以偏爱安静。但是5个人住在一起，想要安静是一件很难的事情，而且也总会因为水电费、打扫卫生、是否关灯、几个人排位等待洗澡还有打电话声音大小之类的小事引起矛盾。

因为白天要上班，晚上还要写文章运营自己的公众号，有时候还要对外投稿赚稿费，所以，那个时候的时间成本和工作压力还是挺大的，工作本身已经很累了，还要抽精力应对一些人际关系的“琐事”，实在是得不偿失。

那个时候顾同学还在追我，每天晚上给我读诗，我们经常视频。有时候我们晚上睡前视频或者是打电话，会影响到室友，也挺不好意思的。

后来在跟风“一个朋友”的情况下，搬了家。

那天下班之后，我的同事小强，他想搬家，搬到上海的一个青年公寓，约我去看房子。我看着看着，思索了一下，说：“要不我也一起搬了吧。”

回家之后就开始思考，毕竟上海青年公寓的房租还是挺贵的，当时的月租2200元，加上水电物业费，算下来每天住公寓就要将近一百块钱。

那是我最快决定的一次搬家。

第二天下午三点一觉醒来，忽然觉得：现在我有稿费，大不了以后多写稿嘛。毕竟搬家之后会有很大的个人和时间空间。于是三点决定搬家，然后立马起来叫搬家公司，开始收拾行李，下午六点多的时候就已经连人带行李到了新租的公寓。

新搬的公寓朝东，一早上起来阳光就透过窗户晒到脸上，我们是十点上班，所以我一般早上八点起床，写完一篇文章交给编辑，然后吃完早饭再去上班，时间刚刚好。

然后晚上修改文章，定稿。

搬到青年公寓之后，很快情人节就要到了，顾同学寄了一大盒巧克力和玫瑰花过来。

五月底到六月初，顾同学来上海看我，以及他中间在上海做签售，都是在这里住的。

相对于群居，独处的住房成本很大。关键是：你能否将你的时间效益最大化，覆盖掉你的其他成本。时间其实是你最大的金库，关键在于你怎么用。

03

第三次搬家

时间：2017 年 6 月

换城市：更加清晰地认识自己

薪资：7200—月薪过万

状态：和顾同学刚开始谈恋爱（异地）

第三次搬家是在 2017 年的 6 月份，从上海到杭州，从之前的一家新媒体公司跳到另一家平台更大的网络公司。

因为在之前的新媒体公司做了半年多，对公众号有了更深的认知，也积累了很多经验。但是后来不论是在工作还是在处事上都感觉用不上力，尤其是很多时候理念差距太多，最关键的是：感觉自己在这里已经做到天花板了（其实还有很多上升空间，但是那个时候没意识到）。

那段时间各种事情挺乱的，后来想想那就算了，再看看吧。于是就跟老板递交了辞职报告书。

那是第一次裸辞。当时裸辞虽然积蓄不多，但是没关系，我胆子大啊。开玩笑的，其实那个时候我对外写稿，已经有两家长期供稿渠道，而且有一家一篇稿费是600元保底，也积累了很多对外投稿的公众号资源。

而且我那个时候写稿速度很快，慢的话两三个小时一篇，快的话半个小时一篇。所以对于裸辞之后的生计问题还是不用担心的：先出去散心一个月（其实主要是去老白家蹭住），出去玩的时候两天写一篇稿子就好了。

那个时候最常见的情况是：老白在杭州上班，我在她公司附近的书店写稿子，然后一起下班。

后来玩了半个月之后，有朋友介绍，说："哎，你辞职了呀，我这边有一个杭州的公司招聘新媒体编辑，你要不试试。"正好当时在杭州，就索性去试一试。

那个时候其实还没有太强的欲望去，因为还没玩够。所以面试时间从周一推到周二，周二推到周三，后来周四睡午觉起来去了，人力那么好脾气我也真是不应该。

后来去了公司之后觉得，哎，这家公司环境还不错，平台也挺大的，最重要的是：

有一箱子冰淇淋可以免费吃！

后来就跟直属领导和公司领导谈了两次，最后等结果。

后来我回到上海收拾东西，那个时候还和顾同学在吃火锅，然后接到面试通过的通知，还是愣了一下：毕竟是从上海转到杭州，而且我提的是一万的月薪。本来觉得是不是自己薪资提得太过了，要不要降一点，后来收到通知，还是挺开心的。

那是第一次月薪过万的工作，所以还是很用心和很期待的。后来我在杭州回上海的高铁上就写了一篇文章《辞职是最好的增值期》。

搬家到这里之后，顾同学后面暑假来看我，我们在这里还待了一个小暑假。顾同学那个时候还专门在某宝定制了一小面墙的照片墙，我们还把照片挂在了墙上。

顾同学也是在这里，开始了自己的做饭之旅，每天下班都能吃到顾同学做的香喷喷的饭菜，我也成功胖了十几斤。

辞职是最好的增值期，前提是你的价值被原来的平台低估的时候，可以再去其他平台估量一下你的“市场价值”，然后再做决定。

04

第四次搬家

时间：2018 年 2 月

换住所：开始苦逼的创业

薪资：月薪过万—0

状态：和顾同学异地直到在一起

接下来就是最近的一次搬家。

到杭州之后，我开始了在新公司兢兢业业的工作。可是我没做多久又辞职了，准确地说是在刚过了试用期之后，拿了第一个月的工资之后。

有人可能说：刚过试用期就辞职，是不是很作。其实我真的不是作，主要是那个时候我的公众号有了一定的规模和收入，也在做自己的写作课，还要对外接广告和写文章。

我实在是精力有限。如果一边工作，一边做自己的事情，既觉得对不起自己的公司，又觉得对不起自己的事业。后来一想：鱼与熊掌不可兼得，算了，回去做自己的事情吧。

后来因为经营需要，注册了自己的公司，和两个小助理平常一起办公。今年年初，在和老白商量新年计划的时候，因为房租到期和经营需要，于是就搬家到了一个小小的 loft 里面，虽然房租稍微贵点，但是楼上休息，楼下办公，相对于单独租办公场地，还是划算一些。

最重要的是，以后办公和开会就方便很多。

还有一个原因，顾同学后面也准备来杭州发展，但是之前的那个房子，两个人住是有点小挤的，还是要稍微大一点工作生活空间才方便。

而且新家比较大，有一个比较大的书架，以后看书方便很多。对于一个作者而言，想要有大量输出，就必须大量输入，以后可以在书房里好好看书写字。

六神磊磊有一句话是，最好的书房不是学区房，是家里的书房。租房子的时候就想：争取把现在的家变成温馨的书房，发挥价值最大化吧。

不过，看着新家满地的行李和无处安放的小零碎，我还是在心里长叹一声：希望这是短期内最后一次搬家，这次就让我多住一些时间吧。

因为搬家真的太累了，每一次搬家就等于一次彻头彻尾的大换血。而且，每一次搬家，仿佛这座城市在告诉你：喂，你不是我们的一体，你还没融入进来，你不是本地人。

你只能告诉自己加油赚钱买房吧，北上广买不起，但是二三线加把劲还是可以的。毕竟：房价就在那里，你买不买，都是会涨的。

每个人的人生道路都差不多，但最重要的是你能否把握住那几个关键的转折点。战术上的努力填补不了战术上的失败，所以在对待人生的转折点，还是要慎重做决定。

这四次搬家，也见证了我和顾同学每一个不同阶段的感情发展历程。

7

还完房贷之后，我的银行卡只剩下 7 块钱

01

看到银行卡的扣款通知：

您的银行卡因 ×× 消费支出 ×× 元，可用余额 7.04 元。

看着远处的高楼大厦，我长叹了一口气：一朝回到解放前啊。心里默默念叨：果然，房贷就是人努力奋斗工作的动（压）力啊。

想起两年前，我从绍兴辞去财务工作，去上海做新媒体，那个时候在新公司和大家讨论买房的事情。

对很多女孩子来说，房子能给人很强烈的安全感。

第一次辞职的时候，身上只剩下不到1000块钱，我就靠这1000块钱扎进了大上海的浪潮中，每日心心念念自己西安的小房子的首付。

那个时候西安北高铁旁的房子，只要6000元一平方米，一套60平方米的房子只要36万元，首付只要10万块就好了。虽然只要10万块，但是对于毕业没多久的我来说，依然是一大笔钱。

工资只有6000块，交完房租扣掉日常的开销，一个月省吃俭用能攒下3000块，我掰了掰自己的手指头，这样下去要三年才能攒够首付啊。三年之后谁知道西安的房价是多少呢？

对了，当时我看上的小房子，现在房价已经一平方米2万元左右了。

为了我心心念念的小房子，我开始一边做本职工作，一边利用业余时间经营自己的公众号，对外疯狂写稿。

下班的时候在合租的客厅里写稿，周末在上海到杭州的高铁上写稿，假期找了个咖啡店写稿。平常的生活就是：上班工作、下班写稿，基本没有其他业余活动。

我甚至还给自己订了一个小计划：就是每天最起码要写一篇文章，第二天修改然后投出去。

我记得很清楚：第一个月的稿费累计3400元，第二个月

7600 元，比当时的工资还高 1000 元。

那个时候的我真的是拼命，为了心目中的小房子，为了自己那一点点的安全感，为了给自己一个看得见的未来。

很多人，年轻的时候还是有很大的动力的，因为对着未来有无限期许，因为有很多想做的事情，有想过的生活。

02

后来我辞职来到杭州，在一家新媒体公司做编辑，达到了自己工作史上第一笔真正的月薪过万。

当时接到 HR 的电话的时候，我正和从云南过来的顾呆萌在上海的一家小餐厅吃饭，祝贺我辞职愉快。

那个时候我都做好准备了，如果对方还不给我打电话，我就打过去问一下，适当委婉地说一下：工资低一丢丢其实也是可以的，因为毕竟我还是挺喜欢他们家的。

主要是他们家有一个冷饮柜，我可以在工作的时候无限制地吃冷饮。谁叫当时瘦呢，现在请我吃我也不敢吃。

听到面试通过的消息，我心情异常激动。那是对自己能力的一种肯定，也是对自己当时从财务贸然转行的一个交代，算是人生的另一个起点。

后来因为运气好，公众号逐渐做起来了，拥有了自己的第一批读者，也开始对外慢慢接广告，经济情况也稍微改善了一些。

顾呆萌说我就像蚂蚁搬家一样，每当有一点收入，就会把这点收入全部转到一个银行卡存成定期，然后一点点攒起来。

因为以前过得比较穷，我对钱有那么一丢丢执念，只要有一点收入，我就会立马存成定期，就像把钱放在小金库锁起来一样，谁也打不开。这个时候如果需要新的支出的话，那就去赚新的钱，新的钱一部分存起来，一部分用来支出。

储蓄起来的，除非万不得已是不会动的。要想生活过得好一点，只能不断去开源。

年轻的时候，是不会觉得生活苦的，因为心里有光。只会朝着光的方向不断前进，哪怕每次只前进一点点。

最重要的是：因为你知道，你的背后没有人，退步就是万丈深渊，只有向前走，你才能有出路。

03

前几天顾呆萌同学和我说：我觉得某某作者其实挺励志的，走到现在很不容易。

我想了一下，问道："有我励志吗？我觉得我也挺励志的。"

其实我很少讲到我大学以前的故事，大部分朋友知道我是毕业之后从财务转到新媒体，后来公众号有一点点粉丝，然后再加上写稿比较多，再加上出了两本书，所以还算对自己有一点交代。

但是大学之前的事情，我很少说。因为以前的生活是真的比较苦，说什么苦难是人生最好的教科书之类的话，我一向是不信的。我觉得很多时候吃的苦都是生活所迫，是无可奈何的，跟所谓的帮助意义不大。

除非你拼尽全力去熬过那段时间，从那些所谓的苦难中获得一些真正的经验，否则吃的苦意义不大。

其实很小的时候，家里就比较穷。我们那边那个时候生产花炮，我就利用放学的时间去做花炮的手工加工，每天能赚十几块钱作为零花钱。

初中的时候呢，家里出了点事，就更穷了。靠着国家的"两免一补"读完了书，中考的时候考了个镇中第一。

虽然在人生中这点事不算什么，但在那个时候还算挺厉害的吧。大家都知道了，就我一个人是在半个月之后才知道的，因为我在外面打工，凌晨六点到晚上十点做花炮加工，半个月赚了 500 多块钱。

高中的时候呢，差点因为家里没钱上不了学。后来运气好，正好遇到了刚开始和学校合作的基金会，然后靠着每年2500元的补助读完了高中。

高考考得不是很好，但是也凑合，上了西安市的一所一本学校。不过那个时候国家的政策已经好很多了，每年的学杂费可以用生源地贷款，而且学校也有助学金和奖学金。

凭借这些政策，我成功读完了大学，然后找到了一份还不错的工作。虽然我一直吐槽第一份工作工资低，但是对于刚毕业的我，找到一家上市公司的财务工作，其实还是一件很幸运的事情。

我一直坚信：越努力，越幸运。想要得到更多的东西，就要先付出加倍的认真和努力。

收获不一定和付出成正比，但是你所做的努力，很多时候都是会有回报的。

04

有时候想想，自己还是挺幸运的。

对于一个从农村走出来的，而且家境很穷的人，我觉得我已经很好地改变了自己的人生轨道。

因为中间不论哪一个环节出了问题，我可能就过着一眼可以看到头的生活，单调而重复。可能有的人比较喜欢这种平淡，但是我还是想去试一试，去看看更大的世界。

人生没有方向，也无法为自己而活。

前途被命运支配，生活不被自己掌控。

前面很多年，我都想逃离掉父辈生活的烙印，逃离掉原生家庭带给我的很多影响，不那么自卑，也不那么胆怯。

想去改变自己的未来，想去拥有新的生活方向。

虽然在大城市的我们，很多时候会被房租、房贷、加班等各种压力压得喘不过气来。但是回头想想，和很多人比起来，我们其实还是挺幸运的。

因为有很多人也一直在努力，但是却未必有改变人生的机会。

对大多数人而言：改变一生的，永远都是那些命运的关键时刻。生活永远不在别人的眼光里，而是在你的手里。

想多一点生活的底气，想自己过得好一点，就要找准一个方向，拼命去努力。

去拥有跳出舒适区的勇气，去培养自己的不可替代性。

第四章

相知篇

我一直想用读书和旅行这两件事情，
去拓宽生命的宽度和深度。
其实说白了，
我就是想多见点世面，长点见识，
不至于一直把眼光放在当前的一亩三分地上。

1

行万里路之甲米

我最喜欢的一句话是：读万卷书，行万里路。我最喜欢做的一件事情，就是背着自己的行囊，去祖国的大好河山，乃至全世界的风景，亲身感受一遍。

第一次出国游玩，是和顾同学一起自由行去泰国甲米游玩。

对于一直生活在大西北的我，对于蓝色的大海一直是非常向往的，而且当时的一个同事前一段时间刚从甲米游玩回来，和我们分享了很多他出行的景点和一些特别有趣的地方。

在进行了初步的商议之后，我和顾同学决定在春节前的寒假假期，去甲米游玩一趟。

01

对于从来都没有离开过祖国怀抱，虽然英语过了四六级，但是听力口语几乎都还给了老师的我，出国是一个非常大的考验。

一个是语言不通，一个是去一个完全陌生的环境，会有一些轻微害怕的心理。

我最简单的处理方式，就是报团。我想的是，报团多省心呀，来回机票以及酒店都安排好了，出行的话，自己想跟团就跟，不想跟团就出去玩。

对于这种非常细节的攻略的东西，我是极度拒绝的。

但是顾同学不一样，顾同学是一个非常细心的人，在决定了出去玩之后，顾同学把每一个要考虑的因素都考虑好了，查了非常多的攻略，做了很多功课，最后告诉我：我们适合自由行，自由行玩得比较舒服。

我问："你在说什么鬼话？两个语言不通的人，你和我说自由行？"

顾同学耐心地和我解释了一下："甲米那边其实有非常多的中国人在旅游，甚至一大半的游客都是国人，所以只要会简单的英语就好了，甚至你过去说中文都是可行的。"

在咨询了好几个去过的朋友之后，我勉强相信了顾同学的话，试探性地准备跟着他的安排去试试。

02

于是，在十二月份国内飘雪的季节，我和顾同学踏上了人生第一次出国游。

从上海的机场出发，到达甲米的时候，已经是国内凌晨一点。因为我们办的是落地签，所以在落地之后，就是漫长的填表、审核、办理签证，最后在跟审核员说了一句带有口音的“Thank You”之后，正式开始了我们的第一次国外旅行。

出了机场之后，有非常多皮肤黝黑的人，举着一些牌子，在等人。我们一边打电话，一边在里面穿梭着找接我们的小哥。

在我们等待的过程中，我们遇到一对上海夫妻，因为带的泰铢不够，要和我们换泰铢，但是我们带的泰铢也是仅仅够我们使用。

于是，我们就去了机场的 ATM，上面写的是可以直接用银行卡取泰铢的，但是我们在实际兑换的时候，却发现并不能兑换，就只能推荐他们去找接他们的人，去其他地方兑换。

终于等到了接机小哥的电话，我们顺利找到了人。在进行了确认之后，我们坐上了当地的特色敞篷车，吹着不知道从哪边刮来的炎热的海风，听着车上播放的听不懂的音乐，去了酒店。

十二月份的甲米气温还是比较高的，凌晨一两点的气温则是正合适，不冷也不热。

03

到了甲米入住之后，我们睡了非常舒服的一觉，然后满怀期待地迎接第二天的行程。

攻略都是提前做好的，具体每天去哪里我们都计划好了，但是要怎么去还没确定，我们入住的酒店老板给我们推荐报当地的一日团，来回接送并且中间全程安排，门票什么都包含在内，总体也不是很贵，我和顾同学就决定按照这样来。

首先，我们去的是浮潜的几个岛屿。

浮潜是我和顾同学都非常期待的项目，主要是之前在国内，我们很少见过真正意义上的大海，所以对浮潜非常期待。

接我们去岛屿的冲锋艇已经到了，我和顾同学按照约定地点下去。不得不说，在泰国旅行很多都是国人，船上很多是中国人面孔，我们还认识了合肥的一对母女，主要是她们英文很流利，这一点让我很佩服。

有时候大海是比较平静的，当然，有时候也会有一些小脾气。

我们遇到的就是后面一种。那天的海面有一些风，导致船在波浪的冲击下不断起伏，前面还是小幅度的，后面就是大幅度的了。

船上的导游泰国小哥哥用不太流利的中文告诉我们不要慌，我坐在船头看见波浪一阵一阵迎面而来，我感觉整个人都要被震飞了，我牢牢抓住旁边的栏杆，然后继续观望大海。

顾同学则有点不太妙，他对于这种高烈度的颠簸有点消化不了，简而言之：他晕船，想吐。

于是我们赶紧和导游表明了意向，导游安排顾同学坐在船舱靠里面的位置，波动会稍微小一点。于是，顾同学就坐在船舱中间的地上，脸上惨白兮兮的，手里拿着一个塑料袋，活生生一个小可怜的形象。

在海上颠簸了半个多小时吧，我们到了第一个岛屿。

04

比较有经验的人，已经开始下去自由浮潜了。

留在最后的，要么是不会游泳的人，要么是会游泳但是有点怕的人，我和顾同学属于前者，我们不会游泳。

我们之前打过电话问过导游，导游说不会游泳也没关系，有人来安排，所以我们才敢放心来。

导游小哥哥先让我们下帆船，然后抓住他手里的游泳圈，一个游泳圈上可以挂五六个人，然后他拖着游泳圈带着我们走，我们则双手撑开整个人漂在海上，透过泳镜看海底的世界。

这是我们第一次近距离接触大海。海底有五彩斑斓的珊瑚，海里有各种各样游动的鱼，有像捕鱼游戏里的小扇子形状的纯黄颜色的小鱼，非常快速地游动；也有一些体形比较大的鱼。

内行看门道，外行看热闹。

稍微懂一点的人可能会看这里有什么鱼什么鱼，我和顾同学则是：哇，这里的鱼好多好漂亮，你快来看。

中间浮潜的过程中，我有几次没有保持好姿势，不小心整个人侧了过来，我还不知道怎么恢复漂着的状态，耳朵里进了水，吓得我急呼“help”。

导游小哥哥看到我这种情况，笑着过来把我掰正，可能这种事情几乎每天都有，他们都见怪不怪了。

第一天我们去了两三个岛屿，玩得都非常尽兴，唯一的不足之处就是我和顾同学都不会游泳，浮潜都需要人带。我和顾同学商量，回来一定要尽快学会游泳，以后再来浮潜就会更加好玩。

回来的路上，导游拿了很多菠萝和西瓜分给大家吃，出来游玩了一天，再吃一点新鲜的水果，那感觉真的是非常幸福。后来去了泰国的很多地方旅游，才发现很多旅游团都会这么做。

不得不说，他们真的是太会做事情了，既花不了多少成本，还能让人对他们的服务体验更加满意。

05

第二天，我和顾同学去了传说中的杨树林。杨树林比较远，我们坐着泰国特色的类似于蹦蹦车的小车，坐了将近一个小时，这种小车比较有意思，前面是车头，后面车厢里面就和我们的小货车一样，然后里面有两条类似于长板凳的座椅，大家面对面排排坐。

杨树林是一个比较大的地方，到了之后，我们先到休息点休息，然后导游安排我们统一出去。

杨树林的出行工具基本上是皮划艇。还没上去，我和顾同学就瑟瑟发抖，就这么一个小皮划艇，上去会不会掉下来呀。一边心惊胆战，一边硬着头皮坐了上去。

杨树林是一片比较大的海域，和名字一样，旁边有非常大片的杨树，海水清澈，让人比较心动的是，这里有很多猴子。

带我们划皮划艇的是另一个本地的小哥哥，到了一片树林，小哥哥一边划着船，一边和我们说，你们在这一块可以多摘一些野果子，待会儿可以喂猴子。

我和顾同学一边稳定皮划艇，因为实在是担心会掉下去，一边去摘了很多的野果子。

在前往第二片树林的路程中，我们偶尔可以看到旁边树林里面蹦跳着的猴子了。

到达第二片树林时，小哥哥就靠近了树林一些，让我们扔前面摘的水果喂猴子。我们拿了好几个，高抛出去，好几只猴子快速跑过来，快速抢夺掉食物，然后分食，眼神直盯着我们，仿佛在说："还有吗？再来！"

我和顾同学又扔了几个过去，又被快速抢光。

皮划艇距离树林比较近，这里的猴子被人长期投喂也不怕生，它们对我们简单的投喂已经不太满足。有几只大胆的猴子几下跳跃，直接蹦到了我们的皮划艇上，皮划艇一阵晃动，猴子直接从我的手里、我的怀里抢野果子。

我被吓了一跳，我想象中的喂猴子可没有跳到我身上这一幕，整个人有点慌。我一边避开猴子，一边把船上的食物往树林里扔去，嘴里还喊着："猴子，快下去，快下去。"

顾同学和导游小哥哥看到我的窘状，哈哈大笑。

我们的食物几乎喂完之后，小哥哥划着皮划艇带我们慢慢离开，大部分猴子心满意足地拿了食物也离开了，有一只胆大的一直没走，它不仅没走，还不停地用好奇的眼光打量着我们。

我心里有点慌，想着：这只猴子怎么还不下去，皮划艇已经逐渐离开树林边，往海的中间走，待会儿没有树木，它能跳回去吗？

过了一会儿，看我们逐渐走远了，小猴子对着远方一跃而起，然后跳到了海里，扑腾着游了回去。

06

甲米整体的水质比较清澈，物价也不是很贵。

在甲米的几天，我们都是白天出去玩，晚上回来在附近的小镇或者是周边吃饭，吃一些当地的特色饭，比如冬阴功汤、菠萝炒饭、空心菜等。

傍晚，我们手牵手去海滩上坐一坐，躺一躺，玩一玩沙子，踩一踩水。

非常舒服悠闲的生活。

连续几天都在海里玩，可能有点着凉，我感觉有点感冒，还有一点轻微发烧。但是我们不知道周边哪里有医院，第一次出远门还没预料到这种情况。

于是，我们找到了酒店的服务员，我指着我的额头，然后用不太标准的英语和她说："Excuse me! I have a fever. Where is the hospital?（抱歉，我有点发烧，你们附近哪里有医院？）

不知道服务员是听懂了我的蹩脚英语，还是看懂了我的手势，于是给了我们一个地址。

地址很好找，就是出门左拐往前走就好了，我和顾同学骑着他新租来的小摩托，两个人很快就找到了医院，并且量了体温，开了点药。

吃了药睡了一觉，第二天感冒就好了。

在甲米的时候，还有一些提前约好的线上的课程，整体的内容和资料我很早就准备好了，当天到时间点了讲一下就好。

但是很不幸，我们入驻的酒店 Wi-Fi 不太好，但是酒店外面的信号却很顺畅。

于是我晚上八点就拿着两个手机，在酒店外面讲完当天的课，一切都很顺利，就是我的胳膊和腿，很多地方都把蚊子喂饱了，回来都是包。

在甲米待了四五天，这也是我和顾同学第一次出国玩，第一次去海岛玩。整个行程虽然有一些地方不太顺利，但是整体还是非常愉快的。

我和顾同学决定回来之后一定要做两件事：一件事是好好赚钱，好好工作努力赚钱以后才能去看更大的世界；另一件事是要会学游泳，以后就可以尽情玩了。

2

行万里路之清迈

01

虽然到目前为止，我没看过多少本书，也没旅行过多少地方。但这却是我到目前为止，一直想做也一直都在做的事。

读书的时候，我就曾经和朋友花300块钱爬过华山，花1500块钱买15个小时的站票去北京玩了一周。工作后，和同事报过599元江西三清山等的团，也曾一个人坐公交去绍兴的东湖看江南的风景。

我一直想用读书和旅行这两件事情，去拓宽生命的宽度和深度。其实说白了，我就是想多见点世面，长点见识，不至于一直把眼光放在当前的一亩三分地上。

从清迈回来好几天了，但是我一直都没进入工作状态。依然怀念清迈 5 块钱一大份的波罗蜜（杭州要 30 块钱），6 块钱一份的 4 个超甜的小菠萝，还有 6 块钱一份的炒粉。

不得不说，清迈的物价真的是太友好了。

我和顾同学中间去一家还挺有名气的泰国小店去吃饭，我们两个人点了 5 个菜，其中包括蟹黄炒蛋、炒空心菜，还有虾仁春卷，等等，一共花了不到 300 泰铢（合计人民币不到 60 块钱）。

和大杭州的物价比起来，简直是感动到要哭。

很多人经常问我："你最想要的是什么？或者是你想要过什么样的生活？"

我也无数次问过自己这样的问题，后来我告诉自己：在很长的一段时间里，暂时是："读万卷书，行万里路"。

为什么暂时是呢，因为当下主要是为了提升自己的见识和阅历，尽量使自己不那么浅薄和无知。

那等后面万一自己有那么一丢丢文化的话，说不定会悟到一些完全不同的东西呢。

对我自己而言，我喜欢去旅行，尤其是去国外。

我并不是崇洋媚外，我无比热爱祖国的大好河山。只是在国外，在一个完全陌生的语言和人文环境中，你会有更多更深的体会，会有更多更好玩更有意思的体验。

接下来分享我们在清迈这一段好玩的旅程。

02

和顾同学在一起之后，一个人去旅行，就变成了两个人去旅行。

在读书和旅行这件事情上，我和顾同学基本上持着相同的观念：在做好自己的本职工作之余，可以利用休息的时间多看看世界的风景，多出去走走。

当然，如果能把工作和出去玩结合在一起就更好了。

我最羡慕的就是那种可以一边玩还有钱收的旅游博主，可以去很多地方，还能省下一大笔开支，虽然我知道这中间也有很多辛苦和付出，但是却依然令人很羡慕。

机会终于来了，在一个朋友的介绍下，我们接到了一个住在清迈的中国老板的合作邀请。这位老板在清迈有一家自己的民宿，这两年去清迈旅行的国内游客非常多，这位老板就想宣传一下自己的民宿。

于是他想和我们合作，请我们帮他在我们的公众号去推广他的民宿公众号以及去清迈游玩的活动，然后邀请我们免费去清迈玩，他帮我们承包来回机票和住宿。

我和顾同学商量了一下：我们帮他做宣传，他承包机票和住宿费，总体是一个双方互利的合作，而且我们没去过清迈，正好借机好好去玩玩，于是就答应了这次合作。

确定了合作方式，我和顾同学先利用自己的公众号帮清迈老板完成了提前确定好的推广和KPI，然后确定了去清迈的时间和航班班次，让老板帮我们订机票。

于是，我们开启了一次清迈的免费旅行。

03

对于在国外玩，大家最担忧的事情是什么？

第一无疑是语言，第二就是交通。

语言的话，除了一些口语特别溜的人，很多人还是有一些担心的。就算是我英语六级已经过了，但是毕业两三年不接触，英语基本上已经还给老师了，再加上英语口语本来就不怎么好，所以就更加着急了。

之前我们去泰国甲米的时候，就遇到了这个问题。当时独舞教我们三句话走天下：

1. This / That；

2. How much?

3. Thank you.

听起来挺搞笑的，但是我们在甲米和曼谷、清迈确实是通过这几句话度过了绝大多数主要是购物的“难关”，哈哈哈。

因为语言水平不过关，所以在绝大多数时候是采用蹦单词的解决方式。

不知道去哪里，或者是不知道怎么走，基本上是在脑海里过一下单词，然后蹦几个关键的单词，对方基本就理解了。

庆幸的是，不论是甲米还是清迈与曼谷，因为中国游客很多，所以很多地方的工作人员是会中文的，甚至他们的中文流利程度让你很吃惊。

没有中文的地方，基本英语都是可以的。实在不行的话，还有一个绝招：手势。

手势绝对是全世界共通的一个表达方式，比如发烧了就摸摸自己的额头，饿了的话就做一个想吃饭的手势，不知道往哪里走就打开地图给对方看。

要去泰国首都周边的话，语言基本不是大问题。而且那里的人很热情，也很少会宰人，即便你是游客，所以还是比较让人放心的。

当然如果能提前一周把旅游常用的英文句式好好复习一遍，那再好不过了。（英语大神可以忽略这条。）

04

一般去清迈旅行，都是和曼谷两个地方一起玩。我和顾同学也是选择先从国内飞去曼谷，在曼谷玩两天之后，再去清迈。

从曼谷飞清迈的机票只要不到200块钱，对于整体的成本也增加不了多少，还可以多一点旅游的范围，我们对于这个规划是非常满意的。

在出发之前，顾同学已经做好了非常详细的攻略：住哪一家酒店，怎么过去，玩哪一个景点，去下一个景点的交通方式是什么……

尤其是在国外，人生地不熟的地方，而且我和顾同学的英语水平都是处于基本上还给老师的那种状态，所以提前做好规划是非常有必要的。

这个也是我非常钦佩顾同学的一点，在出发之前什么都规划得非常好，如果是我，我可能做不到这一点，想着干脆报一个旅行团算了。

在曼谷，我们和大多数游客一样，住在了市中心附近排名靠前的酒店，吃当地的网红餐厅，然后去曼谷的大皇宫、河边、寺庙等地走了一遍。

这些和大多数游客一样，不一样的是我们的个人经历。

首先是坐地铁，顾同学提前查了一下，从我们住的酒店去要吃饭的网红餐厅，只要坐两站地铁就可以了。但是打车的话，这一带非常堵，接送都很不方便。

所以坐地铁是最好的方式，但是我和顾同学都没有坐过国外的地铁，虽然都是地铁，但是就上面的英文字符，我们都要非常费劲才能看得懂。

更何况万一坐反了方向或者是坐过站了呢。

我其实心里有点发怵，但是在顾同学的坚持之下，我们还是选择了坐地铁。

首先，我们提前在网上查好出发的站和到达的站，并且用中英文都确定截图好，然后按照导航去寻找地铁的入口，当然中间有询问酒店的服务员的经历。

由于语言不通，所以我们提前在网上搜好了要坐的轻轨线路，然后直接把地图出示给售票员就好了，由于距离很近，轻轨就每个人 3 块钱。

后来我们回来的时候，就对照着地图的英文名，尝试着自己用自助机购买车票。

第一次没成功，因为显示的是 30 块钱，我们就很奇怪，明明去的话只要 6 块钱，回来怎么就 30 了呢，还在想自己是不是操作错了。

因为后面还有人排队，就退了出来。退出来之后才反应过来是泰铢30（人民币6元），然后就很丢人地又排了一次队。第二次我们提前把要去的目标地在手机上标记了出来，然后准备好差不多的钱，最起码要比本次坐地铁的钱多一些，让乘务员直接在里面扣去足够的，然后剩下的返还给我们。

虽然经历了两次买票的过程，但是自己可以买票坐轻轨，还是挺开心的，有一种突破了小目标的满满成就感。在坐上地铁后，我想发个朋友圈，和大家说：我居然会坐外国的地铁了，真的是一件有点糗但又很好玩的事情。

在曼谷的时候，还发生了一件很糗的事情，曼谷的打车软件叫Grab，因为是英文，很多单词看不懂。我们从大皇宫回来的时候叫车，第一次不太懂，就直接输入起点站和目的地，然后点了最便宜的那个车型。

等车到的时候，我们很吃惊，因为那是一辆摩托车。我第一次知道在曼谷还可以打摩托，我们用很蹩脚的英文问司机："Two people, ok?"

大叔用不太熟练的中文告诉我们："只能一个人，旁边的车不要坐（旅游景点旁边有专门拉人的车），你们是外国人，很贵。"

的确是一个很热心的大叔，后来和他道歉感谢之后，就取消订单又打了一辆出租车。

在预订酒店的时候，我们提前查询到酒店有一层楼是有露天游泳池的，我和顾同学早早就决定去那边游泳。吃完饭之后，我们就过去游泳。

刚下泳池时，酒店负责管理游泳池的工作人员过来问我："Can you speak English?（你会说英文吗？）"

我还有点小紧张，回了一句："Yes.（是。）"

他指了指泳池，又问了我一句："Can you swimming?（你会游泳吗？）"

我继续点头。

然后他就说"ok"。

应该是确保我们会游泳，确保我们的安全性。

这件事情我觉得还是有点小新奇的，因为大家以前上学的时候，都想着说如果不会英文的话，见面第一句就问别人说"Can you speak Chinese?"所以当被别人这样问的时候，还是觉得挺好玩的。

05

在曼谷进行了简单的两天一夜游之后，我和顾同学乘坐了曼谷到清迈的航班，到达清迈。

到达清迈的机场之后，是之前合作的老板开车接的我们，先去夜市吃了当地的特色饭网红“凤七七猪脚饭”，还买了4个小菠萝，6块钱，一个椰子5块钱。超级迷你的小菠萝，超甜超好吃。

说起这4个小菠萝，我不得不说一下清迈的物价。在清迈游玩的一周，我最大的体验就是物价真的是非常友好了，尤其是水果。4个小菠萝6块钱，一大份波罗蜜5块钱，一大个处理好的椰子6块钱，一个大盒杧果7块钱。

在国内二三十块钱的水果，在清迈只要5块钱左右，当然这和清迈气候比较热，当地盛产水果有关，但是总体物价真的是非常友好的。

而且杧果、波罗蜜、椰子、迷你小菠萝都是我比较喜欢吃的水果，于是我每次出来玩都要买一大袋子回酒店，回去慢慢吃。

在清迈，我们住在合作的老板的民宿里，民宿离清迈古城有一二十公里，稍微有点远，但是整体的环境非常雅致。几乎都是独栋的小别墅样子的房子，屋外是成片成片的树林和一个露天游泳池，屋内是设计非常文艺的房间和走廊，房间非常大，布置得也很文艺，这让我一度想整天待在房间里，而不想出去玩。

因为光是住着就已经非常舒服了。

我和顾同学去了清迈古城（一般住宿 150 元一晚就可以了），古城里有很多寺庙可以参观拜访一下，吃吃喝喝消费不高。值得注意的是：参观寺庙的时候，衣服上面必须遮住肩膀，下身必须过膝。曼谷也是。

去古城的时候，我没有注意，图凉快穿了短裤，进寺庙的时候，门口有专门的布之类的，可以把下半身围住。晚上去了网红街打卡，逛吃逛吃。

中间在大众点评找了一家小店，就是开头说的超便宜的一家。据说是邓丽君生前最喜欢的一家店，小城故事讲的就是那里的故事。2 个人，6 个菜，还有虾和蟹，一共花了 60 块钱。

06

我们还去清迈周边参加了两个比较热门的项目，一个是丛林飞跃、一个是参观大象。

提起丛林飞跃，这就是顾同学不得不说的黑历史了。

丛林飞跃，就是在清迈周边本身的热带森林里面进行的，是在已经有点偏僻的森林里面（从清迈过去开车要一个小时）。在森林里面，开发商建造了一些设备，在森林的上方搭建起各种路线，让人可以在森林的中间来回穿越。

森林是热带森林，所以里面的树木非常高，而且很多长在山里面或者是悬崖旁边，你是看不到底的。

就跟国内的缆车一样，你要从这个山头坐缆车去另一个山头，但不同的是，国内缆车有比较好的设施，在清迈，则是直接把人用绳子做好安全措施，绑在缆绳上，滑过去。

我们同行的一组有7个人，3个女孩，4个男孩。其他人没问题，但是在顾同学这里就有了问题。什么问题呢？他恐高！

不管小哥怎么鼓励，他就是不敢过去。我们一再和他保证，他都死活不敢下去，来之前没料到会这么高，所以有点胆怯。

我们好声安慰，还是没有作用。于是我和顾同学说："你看着我，我先过去，等我过去之后你再过来好吗？"

于是我第一个过去，系好安全措施，被同行的工作人员推了一下，很快就过去了。第一段只是尝试性的，所以不是很长，也不陡，很快就过去了，中间还摆拍了好几张自认为不错的照片。

其他几个同行的伙伴也过来了，但是到顾同学这里，死活就是不敢过来。

于是清迈小哥哥在无奈之下，把他和顾同学绑在了一起，带着顾同学一起在钢道上滑了过来。

滑过来之后我们还笑着问顾同学感觉怎么样。

后来顾同学胆子就慢慢大了起来。

整体的丛林飞跃路线是比较长的，但是中间会有很多个暂停点，就是一个点一个点地划过去，而不是从头滑到尾。一个是安全起见，一个是旅游体验。

我印象比较深刻的一段是中间几乎是一个“口”字形的钢道，其实有点接近于圆形，但还不是圆形，而且有点陡。这一段滑的时候，真的感觉人在飞，而且由于离心力的原因，整个手几乎都快抓不住前面吊着你身体的绳子，处于失重状态。

速度比较快，急转弯加上失重，那一段真的是有点小刺激，既觉得好玩又怕得不行，以至于过了好几年的我现在想起来都印象深刻。

丛林飞跃结束之后，我们回到山脚下休息，同时等接我们的车送我们回清迈城。在等待的时候，工作人员拿出西瓜和菠萝招待我们。

不论是在甲米浮潜，还是在清迈游玩，很多旅游景点在休息或者午饭的时候，都会送上西瓜和菠萝给大家吃，第一次还很惊讶，后面就慢慢习惯了，甚至还有点小期待。

07

在清迈的第三天，我们去参观了大象，中间有一块是给大象洗澡。

其实就是用水瓢从河里舀水往大象身上倒，多次重复给大象洗澡，还可以摸摸大象的身子，和它小小互动一下。

洗澡结束之后，工作人员会邀请几个人骑在大象身上，简单走一下，我也在其中之一。

大象本身是卧倒的，在我骑上去之后，大象在工作人员的指挥之下，慢慢站立起来，向前走了一步。

忽然，大象就从河里用自己的鼻子吸了一大堆水，然后直接泼在了我身上，我整个人瞬间被浇了一个透心凉，眼镜都看不到了，整个人都惊呆了。

然后听到旁边的人哈哈大笑，这才意识到这个是工作人员和大象合起来整的一个恶作剧，当然，其他的人也没有幸免，基本都是透心凉。

洗澡的时候，大象可乖了。完全没想到玩起来的时候，大象那么调皮。在工作人员的指示下，直接喷了我两鼻子水，后面工作人员觉得不够，还补了我一盆，结果晚上回去我就感冒了。

最后我们和大象合影之后，还买了据说用大象便便晒干后做的相框，一起离开。

在清迈的一周，是非常放松的一周，见识了很多之前没有接触过的人和事物。

我们晚上在民宿的露天游泳馆游泳，遇到了一对带着小孩的夫妻，小孩 3 岁，中文英语都说得非常流利。

我们也跟着旅游软件的推荐，去了不是很热门但是评价很高的私房菜馆，一桌子菜花了不到 60 块钱。

白天不出门的时候，我就和顾同学在民宿周围拍一些视频，当时做了好几个比较好玩的视频。

最后从清迈回国的时候，在机场有一件好玩的事情，支付宝在境外是有很多优惠活动的，我们进泰国的时候，我和顾同学各领了 25 元的支付宝红包，我的之前买咖啡抵用掉了，顾同学的一直没机会用。

后来在机场我们看到一家 DQ 可以用支付宝，就买了一个甜筒和一个冰激凌，花了 124 泰铢，支付宝可以抵扣 125 泰铢，就再买了一瓶水才抵扣。就等于这两杯 DQ 是支付宝请的，超给力。

清迈的这一趟旅行，是非常难忘且有深刻意义的。

因为我和顾同学都是从传统行业转行到新媒体的，这次是利用自己的新媒体的工作换取的一次免费旅行，会给自己的工作非常强的认同感。

最重要的是，在不断的旅行中，除了可以多一点认识这个世界之外，你会更加强烈地意识到：你是一个什么样的人，你想过什么样的生活，并且为之不断努力。

我们依旧是：读万卷书，行万里路。

08

你们到底是怎么用3500元游遍曼谷和清迈的？这肯定是很多人关心的一个话题了，你们到底花了多少钱，是怎么花的。

前面也说了，其实我们这一次去清迈和曼谷，是清迈一个民宿老板邀请的，所以我们来回的机票和酒店，还有早餐是对方提供的，这就节省了很大的成本。

在这里肯定有人要说：“呸！对方提供了酒店和机票，你们花的当然少了。”

我们经过计算，在对方提供了酒店和机票的情况下，我和顾同学两个人一共花了3500元，其中包括落地签800元（2人）、丛林飞跃1000元（2人），还有一些项目的大支出。

我认真核算了一下，加上来回机票和住宿，其实也不是很贵，基本一个人 3500 元搞定，如果不玩特别贵的东西的话。

因为清迈和曼谷很近，所以很多人在去清迈玩的时候，都会顺便把曼谷一起玩一下，所以我们本次的旅行也是曼谷和清迈一起的。

接下来简单说一下我们的整个行程。

10 月 14 号：杭州飞曼谷。

10 月 16 号：曼谷飞清迈。

10 月 20 号：清迈飞杭州。

DAY 1：杭州飞曼谷

1. 机票：从杭州飞曼谷的机票大约 500 元，清迈回来的机票稍微贵一点，800 元左右，合计 1300 元 / 人。

泰国航空有行李和无行李的机票是不同的，我们当时是有行李，所以稍微贵一点点。我们在泰国民宿遇到的一对中国夫妇，他们从清迈来回的机票单人是 900 块。

从曼谷飞往清迈的机票是 100 元左右，但是我们有行李，就加买了 100 的行李托运费，两个人加起来 300 元，人均 150 元。

大家在买机票的时候一定要注意时间和行李是否可以托运。

机票总支出：1450 元 / 人。

2．签证：我们因决定比较仓促，所以当时是落地签，落地签费用每人 400 元。

如果大家时间比较充裕的话，建议提前在淘宝办理好签证（200 多元），或者所在城市有泰国大使馆的话，也可以去大使馆办理（免费的）。

DAY 2：曼谷：大皇宫 + 湄南河夜景

住宿：我们在曼谷玩了两天，住的是比较中心的“曼谷亚洲酒店”，酒店位置靠近市中心和轻轨，交通很便利。

两天的酒店费用是 496 块，平均 248 元 / 人。

第二天白天去了大皇宫（门票 100 元）、卧佛寺（门票 20 元），晚上夜游湄南河（170 元）。

DAY 3：曼谷飞清迈

第三天就是曼谷飞清迈，基本没什么有趣的。

如果自己找酒店住的话，清迈古城里，基本上是 150 元 / 晚。4 个晚上的话，就是 600 元，人均 300 元。

DAY 4：清迈：清迈古城

我们去了清迈古城（一般住宿费 150 元一晚就可以了），古城里有很多寺庙可以参观拜访一下，吃吃喝喝消费不高。

吃饭，两个人 6 个菜，还有虾和蟹，一共花了 60 块钱。

DAY 5：大象园

白天去了大象园，给大象洗澡（89 元 / 人）。

DAY 6：丛林飞跃

第三天我们玩了丛林飞跃（350 元 / 人，加上小费和照片，500 元 / 人）

DAY 7：清迈飞杭州

机票第一天已经计算。

算了算大致的总支出：

机票：1450 元 / 人

酒店费用：548 元 / 人

签证：400 元

项目游玩：879 元

吃饭：300 元

合计：3577 元。

当然这个只是大致的一个支出，大家在买机票的时候可以买稍微便宜一点的，比如上面的一对上海夫妇只花了 900 元钱就可以买来回的，清迈和曼谷如果还想要缩减预算的话，只去清迈也可以。

这个预算已经很划算了，我们之前去国内一些景点的时候，玩一周的话，都比这个贵。而且在国外的话，可以感受一下气氛，稍微增强那么一点点见识。

对我而言，我觉得去一个新鲜的地方，挑战一件没玩过的事情，就很开心啦。

出去玩，并不仅仅是旅行本身，更多的是带给你的变化和一些生活的启发，让你成为更好的自己。

3

行万里路之“女儿国”

因为前一段时间工作压力比较大，所以我辞职之后，就准备到云南这边散散心。

中间去了昆明、丽江和泸沽湖等一些地方。因为做自媒体以来，很少出去玩，这是今年第一次长途旅行，还是有很多感触。

去泸沽湖的时候，有一位当地的文化形象大使，姑且就叫她阿姐吧。阿姐出来招待我们，说了当地的一些民族风情，我才知道，原来在我们的认知范围之外，真的有很多不可思议的事情。

云南摩梭人隶属于纳西族，很多风俗跟汉族是不同的。

其中一个最典型的就是“女儿国”。

我们认为只在《西游记》中存在的事情，在当地是真实存在的。阿姐他们还是家族系，在法律监管的同时，他们更是经由自己的信仰和道德进行自我约束。

阿姐的家族是一个典型的“女权主义”家族（此处的女权主义没有任何褒贬意思，只是表达当地的真实情况）。在家里一般是外婆、母亲占据主要地位，小孩跟父亲基本没有经济往来，而舅舅则充当起父亲这个角色。

而且，男生在他们这边被称为“赔钱货”，女生在这边被称之为“赚钱货”。

（跟顾同学一起去玩的时候，顾同学全程被阿姐叫“赔钱货”，求顾同学的心理阴影面积。）

为什么这么说呢？

因为当地没有婚嫁的习俗，也没有所谓的婆媳关系、姑嫂关系，成年之后更是没有父子（女）关系。

两个人在一起之后，女方是不用嫁到男方家里的。虽然是女权社会，但是男方也不用嫁到女方家里，而是典型的：我们相爱，彼此独立，各过各的日子。

其中一个最特别的点是：走婚。

摩梭人的婚姻形式大多为“走婚”。

因为摩梭人讲究孝道为先，而且他们比其他地方更加看重孝道。因为即便是在一起，也要照顾自己家里的妈妈，所以是不会去对方家生活的。

阿哥和阿姐在一起之后，阿哥不会嫁去阿姐家，阿姐也不会去阿哥家，而是单独过日子。

阿哥会在晚上的时候，爬花楼，用银刀插在阿姐的花楼后面的墙上，避开看门的大狗，然后爬墙而入，找阿姐。天亮之后，就要离开。

因为晚上才能到阿姐家，早上就要离开，白天不会生活在一起，所以称之为“走婚”。

每天如此。

小孩是由舅舅、妈妈共同抚养。同样地，阿哥在他们家要担负起抚养姐姐妹妹生的小孩的义务。

所以，摩梭人，大部分是妈妈、舅舅以及外婆组成一个完整的家，共同抚养一个或者几个小孩。当地也没有计划生育，因为人口比较少，反而鼓励生育。

小孩 13 岁的时候，会有成年礼，舅舅会给小孩送一份“走婚三宝”，其中给女孩送银腰带，给男孩送银刀，方便以后爬花楼。

是不是很有意思?

你不要以为因为是走婚，所以阿哥和阿姐就是“父母之命，媒妁之言”，他们也是自由恋爱的。

当阿哥和阿姐彼此有倾慕之意的时候，就会在篝火晚会的时候，阿哥悄悄在阿姐的手心里挠三下，表示倾慕的意思。如果阿姐也对阿哥有意思，就会在手心里回挠三下，表示回应。如果没感觉，就不做任何回应。

如果有回应之后，双方就可以相约篝火晚会结束之后，一起约着去吃点夜宵、聊聊天，等等。

摩梭人大部分人是走婚的形式，之前也说过，当地除了法律之外，更多的是信仰和民族风俗制约，所以也没有结婚证这一说。相对于汉族的结婚证书，他们更讲究的是定情信物。

阿哥决定和阿姐一起的时候，会送一把银梳子给阿妹，作为定情信物。阿姐接受之后，就等于正式确立了两个人的夫妻关系。

如果有一天，阿哥和阿姐决定分开了，阿姐就会把定情信物还给阿哥，双方就没有任何关系了。

摩梭人虽然是真正意义上的“女权社会”，但有很多值得人学习和敬佩的点。

一、走婚。

相对于传统意义上的婆媳关系、姑嫂之间的妯娌关系，摩梭人的“结婚之后依然在自己家过日子”，反而更加纯粹和简单。

不必考虑和婆婆如何相处，也不用考虑家里的家务是男人做还是女人做，也不用考虑夫妻之间谁赚得多谁赚得少。相爱只要相爱，其他的还是独立的。

二、孝道。

摩梭人对于孝道的重视，是其他民族的人比不上的。

走婚的形式，主要来源于孝道。因为母亲陪伴了我们前半生，所以我们要陪伴母亲的后半生。不是因为责任，而是因为感恩。

在家里，外婆的地位最高，其次是母亲，最后才是小孩。他们对老人是一种极其尊重的态度，很多事情会指派小孩做，但是不会让老人动手。

三、男生

很多男生觉得自己赚个彩礼钱就很累了，买车买房更是头疼焦虑。在摩梭人，男生不用买车买房，也不用给孩子奶粉钱，因为小孩和父亲没有经济往来。

但是你想要去女方家里，只能每天拿着银刀爬花楼，还要小心楼下对你虎视眈眈的大黑狗。

虽然不用对小孩尽抚养义务，但是你要养姐姐妹妹的小孩，因为舅舅承担的是父亲的角色。

所以不要再期盼着什么“女权主义来了，自己就轻松多了”。比起女权主义，这点努力真的不算什么。

好好赚钱，比什么都重要。

4

行万里路之张家界

01

前两年，9月份的时候，顾同学和我规划去了湖南张家界。张家界的景色名声在外，喜欢出去玩的我和顾同学早就想去了，一直没有合适的时间，后面终于安排好了行程，去了张家界。

去张家界之前，还有一个小插曲。

当时我们提前报了一个当地的旅游团，因为张家界自由行的话，一个是景区非常大，不太适合。一个是酒店门票什么的，旅行团可以拿到比较合适的价格。于是顾同学在做了很多攻略之后，选择了一家评价不错的旅行团。

但是很不巧，在出发的前两天，我和顾同学在西溪湿地散步的时候，我不小心踩了一块活动的砖头，把脚崴了。崴的那一下子，我整个人直接坐在地上，手握着崴了脚的脚踝，好一会儿都没反应过来，因为太痛了。

怎么说呢?

说严重不严重，不至于去医院，喷点云南白药就可以止痛了。说轻松吧，我们后天就要出发去张家界了，这个是要爬山的，脚崴了长时间走路是不行的。

之前订的机票旅行团也不能退，去的话又担心玩不好，所以两个人还犹豫了很久。

因为距离出发还有两天，我们还要在长沙待一天，所以我和顾同学就商量：首先，和旅行团说明这个事情，看是否影响，旅行团的意思是到时候再看，严重的话就在下面走走，坐坐缆车什么的，别爬山。轻的话可以和大家一起走，我们报的是比较自由的团。

而且我们先出发去长沙，要在长沙待一天，所以有三天的恢复时间，我和顾同学决定先去看看，如果到时候脚不痛了最好，还比较严重的话就在下面转转不爬山即可。

还是随机应变好了。

在家休息了两天，长沙休息了一天，脚不那么痛了，可以慢慢走路，但是长时间走肯定不行。于是我和顾同学决定一起跟团，小范围走动的一起玩，爬山之类的就不参加了，重在参与好了。

02

张家界的风景很美，不论是百龙天梯还是玻璃栈道，都让人记忆深刻。

但是让我印象最深刻的，还是山脚下面的民宿。

我们一路住的酒店都是旅行团安排的，虽然旅行团总体价格不高，但是酒店的服务和环境让人非常难忘。

我们第一晚住的民宿在山脚下，里面的装潢都是古色古香的，门口有一个可以坐两三个人的木椅秋千，还有一个小酒吧，旁边还有一个游泳池。

我们住的房间在一楼，打开窗户就可以看到窗台下的小花圃，以及远处壮阔的山峰，花圃旁边几个小朋友在荡秋千，偶尔还传来不远处游泳池里的打闹声。

我和顾同学当场就决定，走！去游泳。

虽然那个时候我们还不会游泳。

来的时候，不知道酒店是有游泳池的，所以我们都没准备泳衣等装备，还好酒店可以买。于是我们就在酒店各买了一套泳衣，然后和大家一起去玩。

说是游泳，其实是我带着游泳圈全程玩水，顾同学在岸边护着我。因为我不会游泳，所以只能在水浅的地方玩一玩水，不敢去水深的地方。但是我又特别想玩水，所以就在浅水区自娱自乐。

旁边有几个小孩子，差不多五六岁的样子，看我们在玩水，也央求着爸爸妈妈过来一起玩水。大人在询问我们水温不低后，才同意他们过来玩。

小孩子们几乎都会游泳，胆子也很大，游泳池简直就是他们的乐园，一路连游带划，玩得非常开心，还会故意把水往我身上扒拉。

看到我一直在泳圈里，还专门问我："姐姐，你是不是不会游泳呀。"

我说："我还没学。"

他们笑着和我说："你试一试嘛，这里水很浅的，你不用游泳圈也可以的，我们都可以。"

我看了看游泳池，和他们说："还是算了算了，我就这么和你们玩。"

差不多玩了一两个小时，水池都有点凉了，我们才依依不舍地回到酒店。

当然，回到杭州的第一件事，就是给我和顾同学把游泳教练安排上，出门遇到这种带泳池的民宿，看着大家游，自己还不能游，真的是太让人着急了。

03

去张家界天门山之前，我们先去了玻璃桥。

张家界的玻璃桥，是在两座山峰之间建立的，玻璃栈道非常高，下面就是山谷。虽然下方有保护措施，但是依然看起来有点吓人。

我和顾同学都是第一次走这么高的玻璃桥，我虽然有点害怕，但是刺激大于害怕，刚开始还有点怂，后面就非常开心地看远处的景色。

顾同学则是发挥了自己玩过山车时的那股精神，直接说："我不玩了！"

顾同学对玻璃桥有点怕，整个人非常怕，有点小心翼翼的，趴着旁边的栏杆，走一步停一步。

后来我实在看不下去了，我让他走最右侧，那边的玻璃不是很透明，视觉效果就没那么可怕，我则走在中间透明的那块牵着他一起走。

顾同学一边走一边和我说：“你别走中间，走最左边。那一边也是不透明的玻璃，看起来没那么可怕。”

在游玩的过程中，遇到一个哥们儿，整个人吓到直接趴在地上，死活不愿意起来，也不敢往回走。后来还是他朋友把他拖回去的。

不得不说，这是一种非常独特的体验了。

走完了玻璃桥，我们才算正式开始了张家界的行程。去了天门山，坐了那个据说亚洲第一长的百龙天梯，也坐了缆车欣赏风景。

因为我脚还有点不舒服，出门前都会喷云南白药，不适合走长路，所以我们没走太多的路，能坐电梯就坐电梯，能坐缆车就坐缆车。

虽然整个行程没有同行的人那么丰富，但我们也是很开心的。

因为我崴了脚，顾同学几乎是全程护着我，非常贴心。

5

床头吵架床尾不和

有一句话是怎么说的来着：再怎么相爱的夫妻，在婚姻期间，都有 1000 次想掐死对方的念头。

听起来是不是非常可怕？在现实生活中，可能没有说的这么严重，但是夫妻之间吵架的时刻绝对不在少数。

01

我和顾同学经常会因为一些不知道哪里来的莫名其妙的原因吵架，当然绝大多数是我单方面生闷气，然后我把这闷气转化成两个人之间的矛盾。想让我一个人生闷气？不可能的。

有一天晚上，不知道因为什么原因，我和顾同学吵架了。可能是因为他又打游戏了，也有可能是因为原本说好的拖地最后没拖，或者是因为我表达了我的不满之后，却并没有得到有效的回应。

顾同学是一个稍微有点内敛的人，遇到什么不满或者不开心会憋在心里，直到自己有一天憋不住了，然后可能会给你放一个大招。

我则不是，我是有什么问题都藏不住，我觉得哪里不对或者是你让我生气了，我当场必须和你讲明白说清楚，当然过去了我也就不记了。

所以，在我单方面表达了我的不满之后，顾同学又开始了他的装鹌鹑模式，默默地做自己的事情。顾同学心里觉得：这会儿别惹她，只要我保持安静，她肯定待会儿就会消气，这会儿别撞枪口。

我的想法：我都这样了你还不过来承认错误道歉，你还不哄我，又想装死蒙混过关？

不可能的。

在我的小炸药桶遇上他的冷暴力上，我就越想越气，越想越难过。

但是我能怎么办呢？我总不可能上去把他揍一顿。他在楼上装死，我在楼下生闷气，越想越气。

这会儿，我看到了桌上的玻璃杯，我在非常愤怒的情况下，拿起玻璃杯“砰”的一声摔了下去。

我觉得这件事我已经表现得很明显了，我非常生气。但是顾同学可能没听到，也可能继续装死，没有任何反应。

02

于是我在不断被加剧的生气之下，又“砰砰砰”摔了三个玻璃杯，一地的玻璃碴子。

有时候女孩子生气，并不是因为这件事情有多么让人生气，而是这件事情发生之后对方的态度和对方的处理方式让人更加生气。

比如在发生矛盾之后，第一时间承认错误道歉以及耐心地哄哄解释一下，可能 50% 的气就消了，剩下的 50% 就是如何去解决这件事情以及后续的问题。

但是如果在发生矛盾之后，沉默装死想侥幸逃过一劫，或者是完全撇清责任觉得和自己一毛钱关系都没有，那么，这种态度只会让这件可能原本并不多么严重的事情变得不好收场。

无疑，顾同学最开始的处理方式属于后者。

当我连续摔了几个杯子都没有任何效果之后，我心里想：你完了，这件事没那么容易解决了。

但是我也知道，当时我处于一个比较愤怒的状态，有点不太理智。如果当时面对他，我的情绪可能更加激烈，会说出什么伤人的话造成更加不好的后果。

于是在短暂的思索之下，我拿起我的手机和钱包、电脑出门，打车去了离家比较近的一家连锁酒店，挑了一间还凑合的房间，然后办理了入住手续。在这期间，在前台的妙语连珠下，还办了一张会员卡。

叮，500 元消费完毕。

可能平时我会觉得花 500 块钱住连锁酒店有点肉疼，但是在当时，我心里想：我那么努力地赚钱不就是为了让自己过得舒服，我已经那么努力那么辛苦了，在这么委屈的情况下，离家出走还要为了酒店房钱斤斤计较，那岂不是太可怜了。

不说什么，先住下来。

到酒店的时候，顾同学发了几条微信语音，打了几个电话，都被我挂掉并且拉黑了，我实在是短时间内不想看到他。

他发现这一点之后，赶紧和好朋友老白说了这个事情，让她找我。当时已经是夜里十点多了，老白比较担心我，我也不想让她太担心我，就说我住在酒店没事的，想一个人静静，还给她发了定位拍了照片。

老白还和我说：顾同学一个人在小区绕了好几圈，一边走一边喊你的名字，十分着急。我说："让他哪里凉快哪里待着去吧，早干吗去了？"

然后，我自己洗了一个舒服的澡，敷了一张面膜，闭眼休息了一会儿之后，打开电脑，把当天还没做完的工作做完，然后睡了一个非常舒服的觉，一觉睡到太阳晒在脸上，暖洋洋的。

不得不说，花钱真的是让人心情变好的最好方式，一连串折腾之后，虽然花了一丢丢钱，但是我的心情已经好了很多。

我和顾同学自从恋爱之后，除了最开始那一段异地恋的时间，其他的时候，这几年就和连体婴儿一样，吃饭睡觉工作游乐都在一起，很少有各自单独的空间，就连出门他去考试或者我去考驾照都是一起参加的。

这种毫无距离的相处，长时间的话矛盾很容易就显现出来了：彼此太熟悉就完全没有美了。

在这么短暂的分居之下，虽然说不至于一下子就怎样，但是最起码双方都冷静了下来。

03

然后第二天我打车回家之后，冷脸就没有搭理顾同学，顾同学则开启了自己的死皮赖脸模式：一哄二卖乖三死缠烂打。

他先是承认："我错了，我不对，我不该惹你生气，都是我不好，你别生气好不好。"

其次开始解释加甩锅："昨天晚上我在洗澡当时听到楼下有声音但是也没听清楚，洗完澡才发现楼下有玻璃碴，给你打电话你也没接，我还去楼下找了你好几圈都没找到你，可担心你了。"

接下来开始卖惨："我最近工作也很辛苦，每天都好累，那些客户的要求都让人太头疼了，我压力也很大。"

最后收尾总结全文："我知道错了，我以后不会了，你别生气了。"

不得不说，顾同学的道歉简直是道歉界的模板，我觉得真的应该推广出去当男同学们道歉的模板。虽然我这会这么吐槽，但是当时他这么一通道歉下来，我也消了一大半气。

毕竟女孩子也不是天天没事干，就抓着你，要和你吵架，要和你无理取闹。本来就是做错了事情，有了矛盾，需要你的一个态度、一个道歉、一个解决方式而已。装死躲避只会让事情变得越来越糟糕，有问题解决问题反而是处理矛盾的最佳方式。

情绪比较激动的点过去之后，我和顾同学开始就这个问题进行讨论：

这件事情是怎么发生的？

我为什么生气？

我当时生气的时候，你为什么没有及时出来解释加哄我？

为什么要装死？

这件事要怎么解决，以后如果再出现怎么办？

理工科的我，立马就把问题一件一件掰扯出来让顾同学解释，顾同学也很耐心地说了解决办法。

最后这件事情以顾同学一周不能打游戏，把家里从头到尾打扫得干干净净、连续做饭一周的惩罚收尾。

04

顾同学总是喜欢熬夜打游戏（因为很多时候他把工作做完就到夜里十二点多了），一打就是两三个小时，甚至有时候会通宵。就拿顾同学调侃我的话来说：“男孩子打游戏这件事，女孩子怎么看都是不对的，无解。”

我可以接受他打游戏，但是打游戏超过夜里两点，或者是没有做完本职工作就打游戏，这件事情我是无法容忍的。

于是在经历了很多次我和游戏的斗智斗勇之后，我们约法三章：

每周打游戏不得超过两次，而且必须在完成工作的前提下打；

打游戏的时间不得超过夜里两点；

打游戏之前要提前和我打声招呼，我好做心理准备。

男同学可能会觉得我有点苛刻，这样会让顾同学丧失掉自由。但是我还是那句话：打游戏可以，但只能是娱乐，不能在影响正常工作和生活的前提下进行。

当然，你以为这件事完了吗？

怎么可能？想想你小时候为了看电视和爸妈斗智斗勇就明白了，后来我和顾同学就打游戏这件事又发生了几次小矛盾。

于是我就在网上买了一些定制的小卡片，然后在上面写了一些奖励或者惩罚的项目。比如游戏卡、家务卡、做饭卡等。

两个人之间谁做了让对方开心或者是生气的事情，就可以得到奖励或者接受惩罚。比如连续做饭三次就可以得到一张做饭卡，一张做饭卡可以兑换一张游戏卡，可以申请打游戏一次。当然，我连续做饭或者做家务三次，我也可以得到我该有的奖励。

刚开始的规则还比较模糊，后面就越来越清晰，我们按照这个，来解决一些关于打游戏、做家务等的小事情，避免了大部分的矛盾，当然小矛盾肯定是常有的。

不论是情侣还是夫妻之间，从始至终没有矛盾是不可能的，再相爱的人生活起来都会有点磕磕绊绊。那么，出现矛盾之后，怎么解决问题才是最重要的。

我觉得不论多大的矛盾，第一件事就是先把这件事情的缘由和过程解释清楚，如果是自己的错，立刻道歉然后商量解决办法，并且知道以后出现同类问题该怎么处理？

如果不是自己的错，那么澄清误会、洗刷冤屈不好吗？

千万不要像鸵鸟一样，以为把头埋进沙子里，就可以等暴风雨过去。直面矛盾是解决矛盾的最好方式，不要一味忍让，也不要冷暴力。

当然，女孩子在生气或者是情绪上头的时候，也不要做出过激的行动或者说出太过伤人的话，毕竟日子还是要过的。拿出卡和手机，约上几个好姐妹，出去逛逛街喝喝下午茶顺便做个面膜不舒服吗？

不要让自己活得太委屈，当然也不能太过于咄咄逼人，有问题解决问题，但是如果就这个问题抓住不放，甚至还揪出很早以前的陈芝麻烂谷子，那就有点不太美丽了。

当然，也要看人看事，我说的都是本来就很相爱的情侣或者夫妻中的日常矛盾，原则性问题不算。

6

爱情间的小危机

晚上躺在床上聊天的时候，我忽然有了兴致："呆萌，我们来聊聊你的黑历史吧。你还记得你刚追我的时候，上门找我碴儿的粉丝和读者吗？"

顾同学转过身来就捂着我的嘴说："别说话，我不想说话，我已经睡着了，你快睡。"

01

提起顾同学的优点，用十个手指头都数不完。

同样地，提起顾同学的黑历史，一个大箩筐都装不完。

那个时候，是我和顾同学还没确定关系，但是他已经明确追我的时候，其实算恋人之间的暧昧期吧，可能就差某一个契机或者决心就在一起了。

在这个时候，发生了一件事情，将我们即将步入正轨的感情打入冰点。

大家都知道，我有自己的公众号，顾同学也有自己的公众号，我们经常在自己的公众号发文，和读者互动。顾同学在追我的那一段时间里，也非常积极，每天都来公众号留言，我公众号的很多读者都知道他。

我身边的好朋友以及我们的共同好友，基本也都知道他在追我的事情，虽然方式有点幼稚，但是心很真诚。因为当时认识的时间并不算长，而且我对异地这件事，尤其是还没见过面这件事是比较犹豫的，所以一直没确定关系。

那个时候，我还在上海上班，顾同学就利用假期，我们和几个共同的好朋友，一起去杭州见面顺带去千岛湖等地方游玩。

后来顾同学还利用假期来上海做签售会以及来看我，我们的感情在有点小惊喜但是又很期待中慢慢发展。

忽然有一天，我的公众号收到了这样的一条留言：

“原来他喜欢的一直是你，不是我。他准备的什么礼物也是为你准备的，他去上海也是为了看你，他一直这么努力也是为了和你一起进步。

“原来都是我多想了，我一直以为他喜欢的是我，他每天晚上和我聊天，经常为我开导生活中的问题，那么耐心对我，居然喜欢的是你。

“很抱歉冒昧过来打扰你，我也只是想看看他喜欢的人是什么样子，以后我不会再找他了，也希望你别和他说这件事。”

我：？？？

收到这条留言，我当时就炸了。

这就相当于你正常地过家庭生活，这会儿有一个人过来和你说我和他的孩子已经三岁了，但是你放心，他喜欢的是你，我以后不再会打扰你了。

我的心里像吞了一只苍蝇，极度不舒服。

然后我就把这条留言转发给了顾同学，留言道：爱咋咋地，我不伺候了。然后拉黑删除了顾同学，世界顿时一段清静。

02

顾同学中间联系我，也联系不到，我也冷静了一两天。

在我的认知里，就是：这个男孩子是个渣男，他可能同时吊着好几个女孩子。一边高调追着这个女孩子，一边却给其他女孩子当心灵导师。

渣男！远离渣男，珍爱自己。

毫无疑问，顾同学被我贴上了“渣男”的标签，并且直接拉入了黑名单。

好几天没联系到我，顾同学没办法，于是找了我们的共同好友小 C，然后让小 C 去和我解释这件事。小 C 也知道这件事，在劝解我无效之后说道：“你就算判人死刑也好歹给一个申诉的机会呀，也给你们这段还没成形的感情一个交代，不要那么草率就单方面直接决定。”

我当时很不开心。任谁恋爱谈得好好的，忽然间来这么一出都高兴不起来。不过，如果就这么结束了这段感情，我还不知道具体的真相，我可能也不太甘心。

于是我就决定给顾同学一个解释的机会。

顾同学后来和我解释：

“我绝对没有和那个女读者有什么异常的关系或者心思。

“你也知道，公众号的每一个读者，我都十分珍惜和看重。很多加了我微信好友的读者，只要他们给我提问，我基本都会回答。而且我之前也写过一些感情类的文章，很多读者来向我咨询自己的感情困惑，我也都会和他们好好去讲或者开导。

“这个女读者就是其中的一个读者，我甚至都不知道她之前会这么误会，我也没有做过什么令她误解的动作。

“你也知道，我一直都非常看重每一个读者，虽然每天花费大量的时间去给他们解答困惑，但是我觉得都是值得的。但是真的没想到会让她误会。

“这件事我绝对是被冤枉的，我发给你我全部的聊天记录，你看一下就知道了。

“而且，我也和那个女读者解释过了，也澄清了误会，这件事真的是乌龙。”

后来在我的再三观察以及好朋友小C的共同研究下，我们发现：顾同学真的是被冤枉的。

但是这件事顾同学没错吗？那也不是的。

顾同学是一个非常看重每一个读者对他的看法或者评价的，他希望能和他有联系的读者，有需要的都帮助到。甚至大半夜过来找他聊天的，都会愿意回复。

在我们看来，顾同学那个时候，就有点稍微“烂好人”，太在乎和每一个人的关系，而且他在乎每一个读者对他的评价，所以导致关系太近被人误会。

作为一个博主，你最重要的是作品而不是服务好每一个读者，读者固然重要，但是一味维护甚至过分看重每一个来找你的读者的关系，不仅会本末倒置，还会严重影响到你的私生活。

这些因为你的作品来找你的，迟早会因为你的作品再次离开你。

关于顾同学和读者，尤其是和女读者的距离，我后来和顾同学双方又进行了一场严肃的对话，直到这件事情终于讲清楚，顾同学才被我从黑名单里放了出来。

当然，顾同学也从这件事情中学会了和异性保持一定距离的道理。

03

除此之外，还有一件小事情也是让人啼笑皆非。

不得不说，顾同学真的是非常有人格魅力的，虽然只是一个写文的博主，但我的遭遇却是和与当红流量男爱豆谈恋爱的遭遇一样。

我和顾同学刚确立关系的那一段时间，彼此的公众号都运营得不错，也有一批比较熟悉的读者都知道我们彼此，从他的公众号知道我，或者是从我的公众号知道他。

或者本身就关注了我们两个，还是有一丢丢小热闹的。

在正式地在公众号和大家公布恋情之后，那一段时间就会有一些人过来找我，都是打着看顾同学的女朋友的旗号来的，我觉得这个还挺热闹的，也和大家正常交流。

有一天，我的公众号后台收到一个留言：

“你就是我顾哥的女朋友吗？”然后附带了一个微笑，还是一个比较严肃的表情，表情符号我忘了。

这句话本身没什么异议，但是结合上下文就给人一种不太舒服的感觉。就给人一种：喂，你就是那谁谁谁呀，让我看看。就跟在动物园看猴一样的感觉。

当时我就不太舒服，但还是克制着回复了：

“首先我先是树獭先生，是一个独立的人。其次我和顾同学是处于恋爱关系，是平等的关系，不是谁谁谁的附属。”

这是一个女读者，收到我的留言之后回复：

“我问你是不是我顾哥的女朋友，你难道不应该自豪地和我说‘是’吗？还这么一副语气是什么意思。我要和我顾哥去告状，看他帮着谁？”

我：？？？

真的是和当红流量男爱豆谈恋爱，然后被对方的女粉丝过来围观审视并且教育的既视感。

于是我还是老操作：把这截图发给了顾同学，自己的读者自己管好，别老到我这里来给我添堵。

于是毫无疑问，顾同学那里又是一团糟。

那个女读者后来还真的和顾同学去告状了，说了一大堆批评责怪我的话，然后还让顾同学看着处理。

我那个时候刚和顾同学谈恋爱，感情还没那么深，心里想的是：你要是觉得你们家顾哥好，就看好别放出来招惹我这样无辜可怜的小姑娘。你觉得是宝，但是我可能并不觉得。

当然，同样的话我也和顾同学说了一遍，剩下的就是顾同学和他的女读者去沟通了。

不得不说，我这样一个十八线的小博主，居然还能有这样的经历，也算一件趣事。

04

有一天顾同学在刷微博，在看自己的超话。看到了以前的记录，和我说："这个人以前还是我的铁粉，每天都来超话签到和我说'早安'。"

我说："那现在呢？"

顾同学说："取关了。"

我好奇地追问道："为什么？"

顾同学看了我一眼，慢悠悠地说道："因为我谈恋爱了。"

我忍不住捧腹大笑："哈哈哈哈哈哈……"

果然恋爱是男博主掉粉的最快方式。

虽然说这些经历有点尴尬，但是一路走来，我和顾同学反而因为这些小插曲更多了几分信任。他遇到什么事情会及时和我说，我出去见什么人也会提前和他打个招呼。

恋人之间磕磕绊绊很正常，但是彼此互相信任，互相坦诚更加重要。

7 居然给我发了个 5.20 元的红包

01

顾直男（顾一宸，小名顾直男）连着给我打了三个电话，挂断。

顾直男又给我发了微信视频过来，挂断。

语音，挂断。

要不是本着“恋爱期间不说分手、不拉黑”的铁律，我觉得顾直男这会儿可能都躺在我的黑名单里面了。

顾直男发来一个委屈巴巴的表情，说：“獭獭，我错了。”

我一脸冷漠地回了两个字：“在忙。”

我这一天忙着呢，事情多着呢，哪有时间陪着你耗着冷战，关闭对话框。

打开支付宝跳出一条消息：顾直男给你转了 1314 元，顾直男给你转了 520 元。

我直接转了 2000 块过去，附带一句：再转钱就把你拉黑。

终于换得一时安宁。

不是我作，我是觉得，平常活着不好吗？为什么非要给自己挖坑跳呢？

02

事情的起因是这样的：

因为小顾同学（还是换回来吧，我怕被他的粉丝骂死）在跟我恋爱之后已经很久没给我发红包了（没恋爱之前发的可勤快了，我买鸭脖的钱都是他给的），我就稍微提醒了一句：顾一宸同学，你有多久没给我发红包了。

这一句话的效果完全不亚于：

你知道今天是什么日子吗？

你最近是不是瞒着我做什么事了？

顾一宸脸一沉，说：“我立马就发。”

我说："我不要了，讨来的东西我不稀罕，我只是稍微提醒一下。"

我不是贪图红包那点小钱，也不是向男朋友要钱花的那种人，毕竟他生日我可是给他送了一款超级好用的 MacBook 替换掉他的大块砖电脑来着。

直男手册：不是所有的女孩子要红包，或者希望你发红包就是贪图你那点小钱，比起那点钱，女孩子要的是平常生活中的一点点小惊喜感，和相处的过程中偶尔的感动和惊喜，是对方把你放在心上，愿意给你惊喜的温暖感。（当然，真的为了钱的除外。）

大多数女孩子恋爱真的不是为了钱，但是钱这件事，可以证明你们有没有把彼此放在心上。

03

然后呢，第二天我就收到了小顾同学发来的一个超大的 surprise：

我点开一看：5.20 元的红包。

我内心 os：

大哥！

谈恋爱能不能走点心啊，5.20 的红包我一盒鸭脖都买不起。

给其他客户你怕是都不敢发 5.20 的红包吧，你给女朋友发 5.20 的红包?

还是你真的觉得：你的女朋友是 5.20 的红包就可以敷衍了事的。

或者是：你的女朋友就值得 5.20 的惊喜?

我知道你发 5.20 的红包肯定是无意，但是你背后潜意识的逻辑惹恼了我：我的女朋友就是一个 5.20 的红包就可以敷衍了事的人。

而且上次你给我发 6.66 的红包的时候，我不是教育过你了吗？怎么还不长记性？活着不好吗，为什么要给自己挖坑？谈恋爱不好吗，是想恢复单身生活是吧?

为了让小顾同学意识到问题的严重性，我就晾了他几天。

但是呢，小顾同学在这几天并没有深刻地反思自己的问题，而是一味地电话骚扰我。

直男手册：女生真的没那么不讲理。

在发生矛盾的时候，你只要反思意识到你这次的错误，然后加以道歉改正，并且保证以后相同的错误不再犯就可以了呀，这不是跟小时候踢足球踢破别人的头是一模一样的吗?

很难理解吗?

04

但是小顾同学仿佛并不懂这一点：在电话骚扰我失效之后，不仅不想办法去反思自己的问题和错误，而开启了新一轮的骚扰方式。

早上给我订了玫瑰花。我家里上周的花还没谢，本周六的花刚插上，没问题，我就再找个花瓶插花。

中午帮我和我弟弟订了两张《遇见你真好》的电影票。我准备中午去图书馆来着，计划大乱。

只顾着想让我消气，不反思自己的问题，还一味打乱我的安排。

我不知道读者里面有多少看过这部电影的，看过的可以留言说说你的感受。拍电影不容易，我就不黑了。一部青春爱情片，我觉得这部电影对于初中生或者高中生可能还比较受用，对于已经看过《致青春》《北京爱情故事》《匆匆那年》《左耳》的我，真的是有点吃不消啊。

可是呢，已经看过这部电影的小顾同学呢，仍然给我买了两张电影票。(《头号玩家》不好吗，为什么要给我买青春爱情片？)

空旷的电影院，坐着三四个人，对的，包场，我弟看了

20分钟，说：“姐，要不我们走吧。”就这样，我弟出去散步了，我自己一个人强撑着看完了。

我说：“浪费我时间不说，还要浪费我心情看青春爱情片。我的时间、我的精力不要钱啊！两个小时你不知道我可以写一篇文章、去一趟图书馆、收拾一次家啊。”

实在怕小顾同学又做出什么匪夷所思的事情，我就提前结束冷战，打开微信骂了他一顿。他解释道：我不是想让你看一点爱情剧重温一下我们美好的回忆吗？

我：无话可说。

直男手册：谈恋爱和做数学题是一样的，解决事情时要用对的方法。并不是说只要你用了方法，做了事情问题就可以解决掉，错误的方法极有可能导致问题愈加严重。

还有，请女生看电影之前，一定要提前做一下攻略，不然你的用心就会全部泡汤的。

还有啊，最开始生气是因为那5.20的红包的事，后面问题的发酵就不再是你5.20红包的事，而是你对于这件事情的态度、解释以及事后的处理方式。

一个人爱不爱你，有没有把你放在心上，这些都不是用来说的，而是用你日常的行为去做的，去实现的。

与其花多少心思去追一个人，花多少钱去升温一段感情，还不如把最实际的东西给做好。

8 冷战升级

01

最近过得太惨了，简直是幼小、可怜又无助。

看着镜子中自己的脸，活生生一个整容失败现场。嘴巴是肿着的，厚得像根香肠；眼睛肿得我原本好看的四眼皮都变成了单眼皮，还是一只眼睛单眼皮，一只眼睛四眼皮的那种；好像脸也是肿的，但是可能是肉太多，所以并不是很明显。

这几个部位组合起来，简直是不要太尴尬。我自己都会怀疑，我是不是嫌弃自己最近太胖，然后去整容一不小心失败了。

出门的时候，温柔的小姐姐小蒋同学很贴心地问她的室友借了一个一次性口罩。对于我这种大冬天就算雾霾满天飞都不愿意戴口罩的人，居然要在穿短袖的季节戴口罩出门，不仅热还奇怪，真是太可怜了。

简直是心疼我自己。

至于为什么会“整容”失败？其实也没有什么太大的事情，就是我昨天晚上做了个心心念念的按摩，做完就这样了。

02

最近的压力比较大，一边要处理工作上一大堆事情，还要看着家里打游戏的两个男人（顾同学和我弟弟），还要面对日渐增长的房租与日益减少的银行卡余额之间的矛盾，真的是让我有点头疼。

本来平常一天看七八个小时小说的我，最近都不怎么看小说了。

平常的日子就靠着一盒波罗蜜吊着一口仙气，结果波罗蜜最近还涨价了。

太惨了。

这样的生活让我不禁反思：是工作不好玩，还是钱不好赚，还是外面的风景不好看？要这么委屈自己。

结婚真的是一件让人很头疼的事情，怪不得有这么一句话：再恩爱的夫妻，一生中都有100次想离婚的念头。

我这才领证不到一个月，已经想打死对方100次了。每天要忍住无数次对自己说："不能动手，要温柔，不能动手，不然还要出医药费。"

我就在这种生活和工作的双重压力之下艰难地活了下来，最近实在是不想面对一大堆工作和家里让人生气的男人，果断选择了"逃离北上广"模式。

于是果断在周五的时候，约了温柔的小姐姐小蒋，周末出去玩。

03

周五晚上和小蒋吃了超好吃的火锅，好像是叫凑凑的火锅店。虽然只点了几个菜，但是最后吃到撑也没吃完。饭前的那个红薯球超好吃，可惜我只吃了两个。

周六上午一觉睡到十一点，我处理了工作上的一些事情之后，和小蒋坐了7块钱的地铁去下沙那边吃新疆菜。那家新疆菜里面的冰粉超好吃，下次还想去。

旁边的水果店也很便宜：樱桃10块钱一盒，波罗蜜15块钱一盒，杧果15块钱2盒，看得我想把水果店都打包回家（我们家楼下波罗蜜30块钱一盒，樱桃也是三四十块钱一盒）。

所以说车厘子自由什么的，还是做梦实现来得比较快呢。

吃饭的周边就是大学城，不仅物价便宜，还能随处可见洋溢着青春气息的小弟弟小妹妹，搞得我都在思考要不要搬家来这里住。同样的支出，生活质量简直不要提升得太高。

周六下午去看了电影《皮卡丘》，剧情其实一般般，没有特别吸引人的地方，但是皮卡丘超级萌，一出场电影院的小姐姐们都“哇”的一声叫起来，表示它很可爱，萌萌哒，老夫的一颗少女心都被萌化了的感觉。

看看，没有男人添乱的生活，要多好就有多好。约几个小姐妹吃吃饭看看电影喝喝下午茶，多好的生活。为什么要把人生浪费在男人身上。

我妈妈跟我说：“女孩子嘛，你就应该多出去走走，不要整天待在家里，你腻不腻呀，你要去看看外面的世界，多了解一点人情世故。”

看，这就是知道是不是亲妈的时候了。

我也这么觉得，在认真工作之余，可以试着把多余的精力放在外面。不论是让自己变得开心的吃喝玩乐，还是能让自己多一丢丢技能的插花瑜伽烘焙，都比把时间浪费在家里的男人身上强。

04

因为最近颈椎不太好，再加上落枕，其实肩颈还是有点痛的，然后看完电影就在小姐姐家附近的商场找了个店做了按摩。

这不是我第一次做按摩了，因为工作的原因，长期一个姿势对着电脑，颈椎方面的损耗还是比较大的。我之前在上海工作的时候，有时候压力比较大，也会在楼下做按摩。

也不贵，一般就几十块钱。既可以保持一下健康，又可以放松一下自己，还是比较喜欢的。下班后几个同事一起去做个按摩，放松一下，然后周末吃个饭逛个街，下周一再轻轻松松去上班，是一个非常良好的体验。

至于所谓的“整容失败”的我，是这样的。

其实之前有一次做按摩的时候，做完之后嘴巴就肿了，那个时候还觉得很好奇，还跟朋友开玩笑打趣来着。百度了一下可能是血液循环之类的也没怎么在意，因为第二天消了下去。

昨天做的时候还没什么感觉，按摩嘛，就是肩膀痛胳膊痛脖子痛，做到一半的时候，我感觉有一丢丢不对劲，就好奇地问按摩的小姐姐：“你们之前做的时候，会不会有客人做完之后，嘴巴肿呀？”

小姐姐说怎么会有人嘴巴肿呢，然后我们还对这个问题探讨了一番。

结果还没等按摩结束，我就感觉我的嘴巴开始有一点不一样的感觉了。当时我在心里咯噔一下，心想：完了，不好了，又要丢人了。

而且不同于上次的嘴巴肿，这次眼睛也肿，脸也肿。活脱脱一个整容失败的现场。

再次感叹：真是太可怜了。

05

虽然挺惨的，但是做完按摩之后，还是感觉整个人都舒适了很多。前几天一直痛的肩颈什么的，也没那么难受了，舒舒服服睡了一个好觉。

总而言之，没有男人打扰的周末，真的是一件让人觉得超级轻松特别愉悦的事情。我总在思考：最近要不要好好攒钱，然后买一个下沙周边的小公寓，以后不想看到家里的男人，就出门自己玩。

当然这只是一个美好的愿景，加油赚钱吧，这个月可是要认真写稿的呢！

说了那么多，还是感慨一下：其实人还是要多去外面走走，多去见见不同的人和不同的世界。

尤其是做文字方面的工作者或者是自由撰稿人，因为对时间和工作地点的要求没那么严格，很多时候反而会让自己更加习惯于某一个环境或者既定的生活模式。

不能说好，也不是说不好，只是长期的不自律或者是自由散漫，可能会让人陷入更加孤独和自我的境地中，情绪也会更加自我化。

总之，尽可能不要让自己长期陷入一个单一或者既定的环境中，哪怕是朝九晚五的工作，都可以利用业余的时间多做一些事情或者学习一些技能，尽可能扩充自己的兴趣面和生活宽度。

9

结婚 656 天之后，我们的感情终究还是变了

这是我威逼利诱顾同学写出来的一篇文章，放在最后，作为一个小彩蛋送给大家。

01

我们是 2019 年 4 月 23 日领证的。

那天刚好是世界读书日。

当时，我还和她开玩笑说，两个文化人，所谓的青年“作

家”，以文相识相知相恋，然后在世界读书日结婚，真是冥冥之中自有天意啊。

去民政局的路上，她还念叨说，本仙女就这么被你骗了，其实一点也不想嫁给你。

我点头如捣蒜，对对对，可不就是被我骗了吗，我这贼船啊，上船有票，下船没门。你现在后悔啊？晚了！民政局到了，下车！

当时去领证，还是有点仓促和突然的。

2019 年初，在彼此见过对方父母后，我们有了定居杭州的打算。那时候，虽然她的社保还未满两年，还没有购房资格，但我已落户杭州，有购房资格了。

然后，我就开始看新房楼盘。

当时，买新房一般要摇号，我也没多研究对比，就先报名了。报名的时候，也没指望一次就摇上，想着先感受下摇号过程，积累下经验。

谁能想到，还没等我货比三家，看的第一个（也是唯一一个）楼盘就让我摇到了比较靠前的号。

后来的事实证明，这是一次草率而错误的决策，我能摇到好的号码牌，主要还是因为楼盘不行，报名人数不多，和我的运气没多大关系。

当时的我太年轻，脑袋一拍就说摇到了那就买吧。

楼盘位置偏僻，总价相对低一些，首付我自己凑一凑还是能拿出来的。

但我转念一想，我们相恋快两年，从异地到奔现，再到互见父母，感情已经比较稳定了，为什么不趁此机会把我家小妞“套牢”呢?

然后，我就和她说：“买房需要结婚证，得去结个婚才行。”

她诧异：“不结婚不能买吗？”

我说：“只写我名字那就没问题，但房本上要写咱俩名字的话，就得结婚才行。”

她说：“好吧，那抽个空去领证吧。”

现在回头再看，她可不就是傻乎乎地被我用一起买房这事给“骗”了吗?

用一个精装变惊装、未交付就开始维权的糟糕房子换了一个才貌双全、两情相悦的老婆，我感觉不亏。

但后来她得知真相后，先是伺候了我腰间细肉一顿，把我掐得龇牙咧嘴，连声求饶；然后又数落了我一通：

“可不就是亏了？大亏特亏！这房要是不好，咱买它干啥？你就是慢慢去摇号其他好楼盘，哪怕晚一阵，我又不是说就不嫁给你了。”

我一边抚慰我饱受折磨的腰部，一边嘀咕：“第一次买房，没啥经验嘛！再说了，房也买了，嫁也嫁了，现在再说这些，晚了啊！”

这事后来就成了一个不能重提的伤疤，因为我趁买房之机“骗”她领证，义正词严，光明正大，就没正儿八经地向她求婚。

就为这个，之后我没少被她唠叨。

只要她刷抖音时刷到别人浪漫求婚的短视频，我在旁边一听就知道大事不妙，还来不及逃走，嘴就不由自主地张开了：

“疼疼疼！快松开！耳朵都要被你扯坏了！”

她恨得牙痒痒：“哼！你看别人求婚多浪漫！你都没跟我求过婚！”

我还能说什么呢？自己“骗”回家的小妞，不就得可劲宠着哄着吗？

02

领证之后，我们的生活好像并没有发生太大的变化。

之前异地恋的时候，远隔 2000 千米，见面只能坐飞机。异地的时候内心在煎熬，见面的时候钱包在燃烧，还真是“金风玉露一相逢，便胜却人间无数”。

自从我 2018 年 8 月从体制内辞职，从云南到杭州来找她之后，我们就几乎没有分开过。

我说的“没有分开过”不是一般夫妻的那种“没有分开过”。

一般夫妻，哪怕下班后在一起，可总得各自上班工作吧？即便某一方全职在家做全职妈妈或全职爸爸，可另一方总得上班工作吧？

可我俩倒好，两个人都是自由职业者，工作的要求就是有网有电脑就行，所以，索性就直接在家办公了。

而这就导致了我们从 2018 年 8 月结束异地之后，一直到今天，几乎是全天 24 小时始终在一起。

为此，她还开玩笑说，别的夫妻都是七年之痒，搁我们啊，三年就得痒了。

我一时间没转过弯来，还问她：“为啥？”

她苦着脸说：“别的夫妻只有下班后才在一起，可你一天到晚的，都快长到我背上了，比其他夫妻多了至少一倍的腻歪时间，那不得三年就痒了吗？”

我哑然失笑，然后板着脸说：“和我在一起，才这么短时间，你就腻了吗？”

她挤眉弄眼地说，我可没这么说，你要这么想，我也没办法。

她说的其实也是实情。

在领证前和领证后，我们都是24小时在一起，生活轨迹并没有发生太大的改变。

从结束异地之后，我们仅有的两次短暂“分开”还是因为吵架。吵架之后，她就离家出走了，一次去闺密家住了两三天才回来，一次去酒店住了一晚第二天才回来。

很不巧的是，两次吵架都是因为我打游戏的事情。

印象比较深的是她吵架后去闺密家的那一次。

那一阵，工作比较忙，我每天起床后就要从早上十点一直工作到深夜两点，中间除了吃喝拉撒，再无休息。

然后有一天晚上，在深夜两点结束当天的工作后，我和小伙伴们开黑打游戏到了凌晨六点才去睡觉。

睡了四小时，睡到十点，我又起来工作了。

她为此大发雷霆：“你都已经工作到那么晚了，为什么还不睡觉？还要打游戏？”

我也备觉委屈：“我从早十点工作到晚两点，一天工作了十几个小时，不能说不努力了吧？就玩了四个小时的游戏，怎么了？”

她看我顶嘴，更生气了说：“本身工作就很累了，与其打游戏，不如多睡会儿！只睡四个小时，你的身体还要不要了？”

我当时也在气头上，就凶她说："可工作的十几个小时都是属于工作的，只有打游戏的四个小时才是属于我自己的！为工作我拼到这种程度，难道打会儿游戏都不行？"

一番争吵后，她摔杯，夺门而出。

过了一会儿，我情绪稳定下来之后，担心她出门不知道去哪里了，就给她打微信语音。接连打了几个，都被她挂断。

之后，再打，才发现微信已经被她拉黑了。

我就改打电话，她拒接几次之后，电话也把我拉黑了。

两小时后，她闺密发微信跟我说，她在闺密家里，让我不用担心。

她离开家的第一天，我依然在忙工作，中间叫了两次外卖。工作完之后，我就无比放心地和小伙伴们玩了会儿游戏。反正她不在家，玩游戏也没人唠叨了。

这一天对我来说，是新鲜的，想必对她来说也是。

我们太长时间形影不离，偶尔的分开反而让我们感受到了没有对方的自由感觉。

可到了第二天，我就有点食不知味了。如果说她离家第一天我感受到的是自由，那么，第二天朝我扑面而来的就是孤独和失落了。

家里空空荡荡的，到处都是她生活的痕迹，可就是没有她的身影和声音了。

以前即便是吃外卖，我们也有说有笑，我给她倒水，她往我碗里夹肉。饭菜是买的，房子是租的，可生活和快乐是我们自己的。

可她离家之后，我再吃饭，感觉自己夹的菜都没味了，还是她给夹的菜才好吃。

我躺在沙发上看手机的时候，也没人会来和我挤了。换作以往，她会用腿推一推我说："起开，往里挪一挪！"

整整一天，我都恹恹的，做什么都提不起劲儿。

家里的盆栽，桌上的绿萝，也恹恹的，叶子耷拉着，传递出想她的信息。

夜里躺在床上，我一会儿躺成一个一字，一会儿躺成一个大字，很久都没有睡着。

她睡觉的时候很不老实，喜欢侧躺抱着我睡，还把一只腿很不客气地压在我肚子上。

我也就养成了抱着她压在我肚子上的腿睡觉的习惯。

好几次我翻来覆去调整睡姿时，手习惯性地往肚子那儿伸过去，但那微沉的小粗腿却不见了。

难熬的第二天终于过去，却没想到第三天会更难熬，难熬到我都有点坐立不安、心不在焉了。

我再次尝试打她的电话和微信语音，发现我还处于被拉黑的状态。

我忍不住想打给她闺密，让她闺密把电话转交给她了。

这时，门锁那儿传来有人输入密码的声音，谢天谢地，是她！终于回来了！

进门之后的她仍然冷着脸，可我现在再看她，竟觉得她就连生气的样子都如此可爱，如此好看。

我冲过去抱住她，她推我，我并不松开。

她小拳头捶我胸口，我说："老婆，都是我不好，我不该对你发脾气。"

听着我的软语劝慰，她手往我腰间一伸，再一拧，我差点痛叫出声，只得瞬间投降。

她柳眉一竖，杏眼圆睁说："早这样不就好了吗？之前干吗去了？你那天不是挺横的吗？"

我还能咋办？

面对气头还没过的女王大人，必须顺着毛捋说："对，我就是醒悟得太晚了，这才独守空闺长达三天！"

此后旖旎，不宜细表。

03

人们常说，感情是会变的。

没错，没有什么感情能够始终如一，一直不变。

因为时间的力量太强大，这种伟力摧枯拉朽，改变一切。

我们不能阻止感情的改变，但我们却可以选择感情改变的方向是变质还是变醇。

从我俩结婚，至今，已有656天。

从初识时的惊喜相逢，到恋爱时的缠绵缱绻，再到婚后的逗趣夫妻欢乐多。我们之间，终究还是发生了很多改变。

有人说，结婚后，时间长了，爱情会慢慢转变成混杂亲情的存在。

我们的婚后时光不能算长，感情也没有往亲情的方向转变。

不过，我们越来越习惯了彼此的存在，习惯了和对方一起生活。

这种习惯，不知道是不是感情的一种，但它已经是我们感情中不可或缺的一部分。

在习惯之中还有依赖，就如同鱼依赖水一样。

平日里察觉不出这种依赖，但一旦分离，这种依赖就开始折磨彼此，非得相聚才能平息。

要命的是，我竟然爱上了这种依赖，她也是。

以前，我们彼此互相说“我爱你”，以后，这话可以换一换了：

“我赖上你了，牛皮糖一样，一辈子都甩不掉的那种。”